시문학 공간과 문화콘텐츠

김선기(金善基)

1961년 전남 목포 출생
전남대학교 국어국문학과 문학박사
1983년 경향신문 신춘문예 당선
현재, 시문학파기념관 관장
915kim@hanmail.net

저서

『남도 현대 시문학의 산책』(2007)
『전라도 성터 이야기』(2006)
『전라도 정자 기행』(2003)

주요 논문

「강진 시문학 공간의 문화콘텐츠화 연구」(전남대 박사 논문, 2012)
「김남주 시 연구」(전남대 석사 논문, 2006)
「국내 문학관 콘텐츠 개발 방안 연구」(전남대 「용봉논총」, 2013)
「김현구 시문학 고찰」(전남대 「어문논총」 23집, 2012)
「김영랑 시문학 공간 연구」(전남대 「어문논총」 22집, 2011)
「김영랑 시의 앙가주망성 연구」(전남대 「어문논총」 21집, 2010)

시문학 공간과 문화콘텐츠

인 쇄 2013년 11월 25일
발 행 2013년 11월 30일

저 자 김선기
발행인 지병문
발행처 전남대학교출판부
등 록 1981년 5월 21일 제53호
주 소 500-757 광주광역시 북구 용봉로 77
전 화 062-530-0571~2
마케팅 062-530-0573
팩 스 062-530-0579
표지디자인 곽수렴
홈페이지 http://www.cnup.co.kr

ISBN 978-89-6849-064-4 (93300)

이 도서의 국립중앙도서관 출판시도서목록(CIP)은 e-CIP홈페이지(http://www.nl.go.kr/ecip)와 국가자료공동목록시스템(http://www.nl.go.kr/kolisnet)에서 이용하실 수 있습니다.
(CIP제어번호: CIP2013024888)

시문학 공간과 문화콘텐츠

김선기 저

전남대학교출판부

머리말

최근 문학공간에 대한 문화콘텐츠화가 다양하게 논의되고 있다. 그러나 실존적 문학공간에 대한 연구 성과는 여전히 한계를 지니고 있다.

이 책은 영랑 김윤식 · 김현구의 시문학 공간과 강진이 가지고 있는 인문 지리학적 관계성을 탐색하여, 여기에서 드러난 문화적 원형을 문화콘텐츠에 연계하는 방안을 모색한 것이다.

제2장에서는 이-푸 투안(Yi-Fu Tuan)의 '공간과 장소', 가스통 바슐라르(Gaston Bachelard)의 '공간의 시학'을 폭넓게 수용하고 융합하여 시문학 공간의 문화콘텐츠화에 대한 이론적 근거를 마련하였다.

제3장에서는 김영랑과 김현구의 문학공간이 갖고 있는 특수성을 살피기 위해 강진의 인문 지리학적 원형(原形)과 『시문학』과의 관계, 두 시인의 작품에 드러난 공간성 등 강진이 지니고 있는 다양한 문화적 리소스를 고찰하였다.

제4장에서는 강진 시문학 공간의 문화콘텐츠화 방안을 체험 · 축제 · 전시와 연구 등 세 가지 유형으로 나누어 제시하였다. 첫째, 두 가지의 체험 유형이다. 먼저 〈모란 밭〉의 체험은 '상실-슬픔-기다림' 등으로 요약되는 영랑의 모란을 원형으로 삼아 상상력을 체험하도록 하

였다. 여기에서 모란은 식물이라는 기의를 넘어 문명화된 현실에서 벗어나 상징적 상상력으로 자아를 발견케 하는 매개체로서의 역할을 한다. 또 하나는 〈남도문학 탐방길〉의 감성 체험으로, 강진과 장흥, 해남 지역의 문학리소스를 연결하는 문학의 길이다. 〈남도문학 탐방길〉은 작품 공간에서의 문학적 체험과 사유를 유발시킴으로써 답사자의 인문학적 공감대를 끌어내게 했다.

둘째, 축제의 유형으로 두 가지를 제시하였다. 먼저 지역 콘텐츠로서의 〈탐진나루 축제〉는 기존 〈탐진강 은어축제〉에 현구의 시문학 공간(「님이여 강물이 몹시도 퍼렇습니다」)을 복합문화공간으로 재가공하였다. 따라서 탐진강은 장소성에서 벗어나 문학(현구문학제)과 자연체험(은어축제)을 융합한 새로운 인문학적 공간으로 거듭나는 계기가 되었다. 다음은 강진-장흥-해남을 잇는 문학벨트형 〈남도문학축전〉이다. 전남서부권을 잇는 문학축전은 지역 문학제의 획일성을 탈피하고, 문학공간의 외연을 확장한 문화콘텐츠이다.

셋째, 전시와 연구 유형의 두 가지 방안이다. 먼저 〈시문학파 아카이브 구축〉은 1930년대 『시문학』을 통해 활약하였던 9명 시인에 대한 자

료와 그들의 문학적 성과를 데이터베이스화하였다. 이를 통해 청소년은 물론 연구자들의 문학교육에 도움을 줄 것으로 보인다. 또 영랑 시어의 가치 복원을 위해 〈영랑 시어 연구회〉를 제안하였다. 연구회를 기존의 '영랑기념사업회'에 포함시켜 운영체계를 확보하고 ▲정례 학술 발표회 ▲영랑 시어 퀴즈대회 ▲영랑 학술상 제정 · 시상 ▲영랑학회 조직 · 운영 ▲학술지 발행 등의 사업을 콘텐츠화 하였다. 연구회가 영랑 시어를 연구하고 복원하는 작업은, 모국어를 전승 · 발전시키는 일이기에 의미를 지닌다.

제5장에서는 이 책의 의의와 한계, 문화정책에 대한 제언에 대해 서술하였다.

이 책은 지금까지 변방으로 치부되었던 시문학 공간을 문화콘텐츠화 하는데 단초를 제공했다는 점과 인문학과 자연과학의 통섭 연구로 실용학문 발전에 디딤돌 역할을 하고자 한 데에 의의를 가진다. 이와 함께 학술적으로는 문화예술과 인문사회 · 과학기술을 융합하여 문학공간을 새로운 개념으로 재창조하고, 산업적으로는 문화콘텐츠산업을 뒷받침하는 이론과 실제를 체계화한 것도 이 책의 성과라고 할 수 있을

것이다.

끝으로 이 책이 세상에 나오기까지 조언을 아끼지 않으신 전남대 임환모 교수님을 비롯한 모교의 은사님들과 신덕룡·최한선 교수님, 그리고 원고의 가치를 더욱 빛내준 전남대학교출판부 관계자께 진심으로 감사와 고마운 마음을 전한다.

2013년 겨울

김 선 기

차 례

제1장 서 론

제1장
서 론

1. 문제 제기 및 연구 목적

최근 인문학의 위기를 염려하는 목소리가 커지면서 이에 대한 대안으로 인문학 지식과 정보를 원천자료로 한 문화콘텐츠화가 제시되고 있다. 이는 문화산업과 연계되어 고부가가치를 창출하는 새로운 개념의 문화콘텐츠산업이다. 여전히 기초학문을 중시하는 인문학자들은 실용성과 효용성을 중요시하는 사회 분위기에 의해 인문학이 산업화되어 가는 것을 경계하기도 한다. 하지만 문학, 역사, 철학 등과 같은 인문학이 고사될 위기에 처해있는 상황에서 인문학의 외연 넓히기를 위한 노력은 필요하다고 할 것이다.

정보통신 기술의 발달로 인해 문화의 고유성(originality)이 점차 사라지고 보편성(universality)과 대중성(publicity)이 부상하고 있다. 즉, 문화의 평등이 이뤄졌다고 하여도 과언이 아닐 정도로 엘리트와 대중이라는 문화 향유 계층의 분화를 무화시켜 버릴 뿐만 아니라, 구분마저도 없어지고 있는 것이다. 따라서 문화의 고유성에서 우러나오는 '아우라(aura)'보다는, 각기 다른 것과의 결합과 혼합에 의해 생겨나는 '잡종(hybrid)'이 문화의 중요한 속성으로 자리 잡게 된 것이다.

이와 같이 문화의 개념인, 인간의 삶을 반영하고 자신을 되돌아보게 하는 여유와 관조를 주는 것에서 벗어나 오히려 문화가 삶과 함께 하는 역동성을 지니게 되는 모습으로 바뀌고 있다. 더욱이 문화 자체가 이익 창출의 원자재가 될 수 있는 환경이 조성됨으로써 이와 같은 현상은 가속도가 붙고 있는 것이다.

문화콘텐츠가 산업화의 중요한 소스가 되는 디지털시대에 문학의 개념과 역할 역시 여기에 맞게 빠르게 변화하고 있다. 문학작품의 문화콘텐츠화를 위해 활용되고 있는 매개물은 그 작품에 대한 공간적 배경이다. 그런데 일상생활 속에서 공간과 관련된 다양한 용어들이 사용되고 있고, 학문적으로도 여러 분야에서 공간을 다루고 있지만, 공간에 대한 개념은 여전히 모호하다고 할 수 있다.

초기의 공간 연구는 아리스토텔레스의 장소론(topos) 이후의 공간으로 대부분 유클리드 기하학에 기초하고 있다. 즉, 존재적 공간을 이해하려는 시도는 이전에는 거의 이루어지지 않았다. 19세기의 비유클리드 기하학과 상대성 이론, 20세기의 지각 심리학에 의한 공간론 등은 기본적으로 물리적, 수학적 개념으로 공간을 이해하고자 하였다. 이후의 비유클리드 기하학과 상대성 이론은 기존의 공간 개념을 부정하였고, 실제 세계를 좀 더 정확하게 묘사하였다. 하지만 이런 이론들은 환경과 관련한 인간의 존재적 측면에서 공간을 해석할 수는 없었다. 상대성 이론에 의한 시공간 개념도 결국은 물리적, 수학적 개념의 범주에 속하는 것이었으며, 지각 심리학에 의한 공간론은 심리학적 차원에서 인간의 공간을 구조화하려는 것에 불과한 것이었다.

문학공간은 단순히 소재적인 부속물이 아니고 작품의 의미를 심화,

확대하면서 작가의 세계관을 수렴시키는 데 기여한다. 따라서 문학지리학의 공간 연구는 순수 물리학적 공간연구와 구별할 필요가 있는 것이다. 오랫동안 문학은 독서 행위를 통해서만 향유할 수 있는 것으로 인식되어왔다. 그러나 최근 정보기술(IT : information technology)과 문화기술(CT : culture technology) 관련 산업이 발달함에 따라 다양한 측면에서 문학의 새로운 향유방법을 찾으려는 노력이 활발하게 전개되고 있다. 이 과정에서 문학작품의 '공간'에 대한 문제가 주목받고 있다. 문학작품은 시간과 함께 공간을 기본적인 요소로 해서 창작되는데, 이것들은 우리의 삶을 구성하는 부분이기도 하다. 그 중에서도 특히 문학공간을 통해서 문학작품의 구체성이 확보되며, 이 과정에서 작가의 창조적인 역량이 발휘된다고 할 것이다. 동일한 공간을 대상으로 한 작품일지라도 작가의 개인적인 체험이나 관심, 그리고 역사인식에 따라 사뭇 다른 양상으로 표현되고 있는 것이다.

그러므로 작품의 배경 공간을 찾아 돌아보는 활동은 작가의 창작적 원천을 탐색하는 작업이 되는 것이다. 문학답사가 전통적인 창작 교육방법으로 활용되었던 이유도 여기에 있다고 보인다. 각 대학의 문예창작과나 사회교육원 등에서 실시하고 있는 문학답사 역시 가치를 가진다고 하겠다.

1988년 지방자치법이 제정된 이후부터 문예교실을 운영하고 문학 관련 행사를 개최하는 등 문화 복지 기능을 담당하는 문학공간이 속속 건립되고 있다. 최근에는 기존의 시설물 개념을 탈피하여 문학촌 · 문학테마파크 · 문학테마타운 등의 복합문화공간적인 특성을 가진 문학공간 건립사업이 활발하게 전개되어 문학공간은 양적으로 괄목할만한 성장을 이루었다고 할 수 있다.

이처럼 각 예술분야에서 문화콘텐츠의 수요가 증가하고 있는 것은 매우 고무적인 일로 여겨진다. 문화콘텐츠산업은 '감성의 시대'로 통칭되는 21세기의 국가 경쟁력을 키울 수 있는 핵심 가치이기 때문이다. 정부에서도 문화콘텐츠산업의 육성의지가 높아 다양한 지원정책을 제시하고 있다. 그러나 아쉽게도 문화원형 자원들을 충분히 활용하여 성장성을 가진 문화산업으로 만들지 못하고 있는 것이 한계로 나타나고 있다.

또한 최근 들어 학제 간 연구의 성과물을 볼 수 있지만, 양적·질적 면에서 협소함을 벗어나지 못하고 있다. 특히 문학공간의 문화콘텐츠 분야에서는 더욱 심각하다고 할 수 있다. 이 분야에 대한 연구는 지리학 연구자들의 장소 마케팅을 통한 활성화 방안 등으로 나타나는데, 이것은 문학의 특성을 고려하기보다는 지리적 장소의 활용 방안에 치우친 경향이 있다. 뿐만 아니라, 문학공간의 콘텐츠화가 진행되고는 있으나, 텍스트 내적 공간의 실제 문화콘텐츠로 변모 과정이나 콘텐츠 방안에 대한 연구는 찾기 어렵다.

이 글은 영랑 김윤식·김현구의 시문학 공간과 강진이 가지고 있는 인문지리학적 관계성을 탐색하여 문화적 원형을 찾고, 이를 문화콘텐츠로 연결하는 방안을 모색하는 것을 목적으로 한다.

2. 선행 연구 검토

문학공간에 대한 연구는 매우 다양하게 이루어졌지만, 대개 근대적인 삶의 한 계기로써 시간과 함께 존재론을 형성하는 방향에서 탐구되어 왔다. 문학공간의 연구는 문학작품에서 드러나는 공간적 이미지나 대상에 대한 연구로 집약될 수밖에 없는 속성을 지닌다고 할 것이다.

공간론은 순수하게 물리적, 철학적인 방법론에 의한 연구이며, 문학공간의 연구는 문학작품의 연관 관계를 파악하는 실증적 연구태도이기 때문이다. 문학작품은 그 자체로 하나의 공간을 형성하면서 또한 실재적 대상을 묘사하는 완결된 구성물이다. 따라서 문학공간은 미학적으로 '왜곡된 실재'이기도 하며, 동시에 지속적으로 새롭게 해석되는 '역동적 공간'이기도 하다.[1)]

문학공간에 대한 접근방식은 주로 공간에 대한 철학적인 해석을 바탕으로 이루어져 왔다고 볼 수 있다. 박혜영은 현대예술사에서 공간의 의미에 주목하면서도 문학의 공간에 대한 세 가지 층위를 제시하였다. 작품 속에 묘사된 지리적 공간, 텍스트의 공간, 작가가 글쓰기에 몸을 맡기는 공간이 그것이다. 즉, 문학의 공간은 크게 '의미화 된' 공간과 '의미화 하는 공간'으로 나눌 수 있으며, 문학 작품 속의 공간 구조는 작가의 세계관, 우주관, 가치관을 나타내는 모델[2)]이라고 보았다. 장일구는 서사 공간을 서사대상 공간과 서사행위 공간으로 구분하면서 공간을 구성하는 서사적 요소를 서구철학의 근간으로 밝히고자 하였다. 그의 논의 가운데 주목되는 것은 대상세계의 공간은 실재하는 것이 아니며 인식의 방향에 따라 달리 구성되는 구성체라는 점, 서사적 공간론은 작품에 구현된 공간이 실재 세계의 공간과 얼마나 정합하느냐를 따지는 것이 아니라, 새로운 공간을 어떻게 구현하느냐를 따지는 행위라는 점에 논점을 두었다.[3)] 안남일은 현대소설에 나타난 '방'의 공간적 의미를 하이데거의 '세계-내-존재', '현 존재'의 개념에 근거하여 밝히고

---

1) 한원균, 「문학과 공간 : 그 이론적 모색」, 『한국문학 공간과 문화콘텐츠』, 청동거울, 2005, 14쪽.

2) 박혜영, 「문학과 공간 : 이론적 접근 1」, 『덕성여대 논문집』 25, 1996.

3) 장일구, 「서사공간의 상징적 기획」, 『한국언어문학』 58, 2006, 56쪽.

있다. 그의 주장에 의하면 개별적이고 특수화된 세계는 자기 자신의 실존을 더욱 내적이고 개인적인 양상으로 변환시키는 것이다.

문학작품을 중심으로 하는 공간연구는 대체로 작품을 중심으로 이루어지면서 텍스트 내의 공간을 주요 연구대상으로 한다는 공통분모를 지닌다고 할 수 있다. 특히 시를 대상으로 하는 공간연구는 작품 내에서 다루어진 공간성, 즉 특정한 장소의 모티프가 어떻게 생성되고 변형되는지의 문제에 관심을 기울인다. 이어령은 유치환의 작품을 공간적 기호로 분석하고 있다.[4] 또한 김동근은 정지용 시의 공간체계와 텍스트 의미에 대해 주목[5]했다. 김종태 · 한광구 · 김혜니는 정지용과 박목월 시에 대한 공간 구조를 분석하였다.[6] 박태일은 근대시의 공간을 동시대의 문제와 접목하여 문화지리학의 관점에 주목하였다.[7]

우리 문학사에서 공간에 대한 논의는 작품에 내포된 역사인식과 현실비판인식을 지나치게 강조해 왔다. 이는 우리 현대사의 특수성에 기인하는 것으로 일본 강점기와 분단현실, 그리고 권력집단에 의해 강압적으로 진행된 산업화에 대한 대응수단으로 문학이 인식되어 온 때문이다. 기존 공간에 대한 연구에서 역사인식과 현실비판의식이 강조되다 보니, 작품이 형식이나 구조에 대한 접근보다는 내용적인 측면이 부각되어 논의의 중심을 이루었다는 한계를 지니고 있다.

그리고 근래 들어서는 한국언어문화학회를 중심으로 공간의 문화콘

---

4) 이어령, 『공간의 기호학』, 민음사, 2000.

5) 김동근, 「정지용 시의 공간체계와 텍스트 의미」, 『한국문학이론과 비평』 22, 한국문학이론과 비평학회, 2004.

6) 김종태, 『정지용 시의 공간과 죽음』, 월인, 2002.
한광구, 『목월 시의 시간과 공간』, 시와시학사, 1991.
김혜니, 『박목월 시 공간의 기호론과 실제』, 푸른사상, 2004.

7) 박태일, 『한국 근대시의 공간과 장소』, 소명출판사, 1999.

텐츠화에 대한 관심이 높다. 이 학회는 『한국언어문화』 제22호의 특집 주제를 '한국 언어문학과 CT산업'으로 정하고 「Culture Technology와 문화콘텐츠」(박상천), 「사이버 팬터지아」(류현주), 「문화콘텐츠 창작소재로서의 고전문학의 가치에 관한 연구」(김용범), 「언어정보산업의 미래와 언어학」(고창수) 등 4편의 논문을 게재하였다.

박상천은 인문학이 새로운 생산의 주요한 원천이 되고 있음에 주목하면서, 인문학과 문화예술이 문화콘텐츠 창작 개발의 원천적 소스를 제공할 수 있을 뿐만 아니라, 관련 인재들을 양성, 공급하는 중요한 학문적 터전이 될 수 있음을 강조하였다.[8] 또한 그는 문학이 뉴미디어와 결합하여 콘텐츠화 하는 4가지 방식[9]을 소개하면서, 뉴미디어의 등장을 '문학의 위기'로 보기보다는 문학을 위한 새로운 기회로 인식해야 한다고 주장하였다. 그의 논의는 문학에서의 문화콘텐츠론을 선도하였으며 올드 미디어와 대비되는 뉴미디어 시대에서의 문학의 진로에 대한 구체적인 논의와 방향을 제시하였다는 점에서 의의를 지닌다고 할 수 있다.

김용범은 2009년 한국문화콘텐츠진흥원(KOCCA)이 주관하는 '문화원형의 디지털 콘텐츠화 산업'의 의의에 대해 주목하면서, 문화콘텐츠의 원형소재로서 고소설의 가치를 찾는 한편, 새로운 시대의 자원으로서 활용방안을 모색하였다.[10] 아울러 문화원형의 디지털 콘텐츠화 산

8) 박상천, 「Culture Technology」, 『한국언어문화』 22, 2009, 14쪽.

9) 위의 책, 26쪽.
이 책에서 첫째, 뉴미디어를 이용하여 기존 문학을 유통하는 방식, 둘째, 영상매체로 창작・전환되는 방식, 셋째, 뉴미디어의 특성을 활용하여 새로운 형태의 문학을 창작하는 방식, 넷째, 문학의 중요 속성을 활용하여 새로운 문화콘텐츠를 개발하는 방식.

10) 김용범, 「문화콘텐츠 창작소재로서의 고전문학의 가치에 관한 연구」, 『한국언어문화』 22, 2009, 49쪽.

업에서의 고소설 활용을 위한 구체적 방법으로 용어사전 구축, 전자사전 구조 개발, 전문색인 / 검색엔진 개발 등으로 제시하는 한편, 이러한 작업을 효율적으로 수행하기 위한 방향으로서 고전소설의 현대적 재해석, 구조의 변경, 환상성과 비극성의 재가공 등을 제안하였다.

고창수는 21세기 언어학이 정보산업 발전을 위한 핵심연구 분야로 성장해야한다고 주장하면서, 이를 위한 구체적 방안으로 언어정보 처리를 위한 연구자 집단 구성, 대량의 언어자원 구축 등을 제안[11]하였다. 이처럼 한국언어문화학회의 문화콘텐츠론은 선구적 입장에서 총론적 담론을 제시했다는 점에서 주목되지만, 각론을 충분히 전개하지 못했기에 다소 선언적인 측면이 강하다고 할 수 있다.

이와 함께 문학 영역에서의 문화콘텐츠론은 한문학 분야에서도 주목하고 있다. 한국한문학회는 학회 30주년 기념 학술회의(2005. 12. 8~9, 성균관대)의 주제를 '한국 한문학과 문화콘텐츠와의 만남'으로 정하고, 「한문학 연구의 문화론적 방향」과 「한문 해석 인식론과 한국문화콘텐츠의 발양」(김용옥) 등이 논의되었다. 이 학술회의는 한국 한문학을 다양한 각도에서 문화콘텐츠화 하는 방안을 모색하였다는 점에서 학계의 주목을 받았다. 그러나 문화콘텐츠화의 방안이 구체적으로 도출되지 못한 한계를 지니고 있다.

김창호의 박사논문 「문학공간의 문화콘텐츠화 연구-광주·전남지역을 중심으로」[12]는 문학공간을 문화콘텐츠화 관점에서 접근하여 학술적으로 정립했다는 데에 의의가 있다고 보인다. 그의 연구는 광주·전남지역으로 범위를 한정하고, 두 가지 관점에서 서술하였다. 첫째는 광

11) 고창수, 「언어정보산업의 미래와 언어학」, 『한국언어문화』 22, 2009,

12) 김창호, 「문학공간의 문화콘텐츠화 연구-광주·전남지역을 중심으로」, 전남대 박사논문, 2010.

주 · 전남을 배경으로 삼고 있는 문학텍스트와 작가에 대한 관점에서, 둘째 광주 · 전남지역의 지리적 문학공간을 중심으로 살폈다. 여기서 다시 작가의 문학공간과 기념비(시비와 문학비), 문학관과 작품의 배경지, 지역의 문학축제 등을 다각적으로 조명[13]하였다. 그러나 시각이 집약적이질 못해 광주 · 전남지역의 문학공간을 문화콘텐츠로까지 확장하는 데에는 한계성이 있는 것으로 보인다.

지금까지 문학공간에 대한 다양한 층위의 연구들을 살펴보았다. 이 연구들은 아직 초기 단계에 있는 문화산업 분야에 '문화콘텐츠'라는 학설을 세웠다는 의의를 가지고 있다. 하지만 접근 방법이 광의적이고 구체성을 갖지 못해 문화콘텐츠의 방안을 도출하기는 어려운 실정이다.

3. 연구 방법과 범위

문학 작품에서 공간은 작가와 작품을 이해하는 데 매우 중요한 몫을 담당한다. 문학적 공간에 놓이는 사물은 어떤 내적 필연성을 지니고 있기 때문이다. 그 공간은 작중 인물과 연루된 숱한 사연들과 함께 작품을 제대로 이해하는 열쇠 구실을 하는 것이다. 문학작품을 읽어 내기 위해서는 문학적 공간에 주목할 필요가 있다. 문학의 주요한 속성 중 하나가 과거를 재현하는 것이라고 할 때, 공간의 힘을 빌리지 않는 재현이란 존재할 수 없다. 따라서 작품 속 숱한 공간들을 가볍게 치부할 게 아니라 그 공간의 가치에 주목[14]해야 하는 것이다.

공간의 가치에 대한 학자들의 시각은 이제 양적인 '공간 확보'의 측면

13) 위의 책, 65~83쪽.

14) 고명철, 「한국현대사에 응전하는 문학적 공간」, 『시간과 공간을 조각하다』, 보고사, 2007, 38쪽.

에서 질적인 '장소의 조성'의 개념으로 변화하고 있다. 양적인 공간 확보의 폐해에 대한 대안으로서 공간이론가 슐츠(C. Norberg Schulz)는 장소를 인간이 환경과의 체험을 통해 형성하는 안정된 이미지(Image)의 구조로 파악하고, "장소란 곧 구체적 실존으로서 존재적 의미를 모으는 것"[15]이라고 정의하였다. 또 이-푸 투안은 장소란 "인간 활동의 중심이고, 작은 세계이며 인간의 행동이 모이는 결절 점"[16]이라고 정의했다. 이는 장소를 자연 장소뿐만이 아니라, 인간이 머무는 공간의 의미로 해석한 것이라고 하겠다.

그리고 랠프(E. Relph)는 장소를 지리적 경험의 표현뿐만 아니라 명확한 정의가 필요한 공식적인 개념으로 정의하며, 장소를 사회 심리학적 현상으로 이해하였다. 이는 장소를 "특정 위치에서 발전되었거나 발전하고 있는 자연과 문화의 복합체이고, 다른 장소에 인간과 상품(순환)의 흐름과 연결된 것"[17]으로 본 것이다. 즉, 장소는 '어떤 것이 있는 것'이 아닌 통합되고 의미 있는 현상을 가진 모든 것에 위치가 더해진다는 것이다. 루커만(Lukerman)은 장소의 개념을 위치, 자연과 문화의 통합, 공간적 상호 연관성, 국지성, 형성성, 의미 등 여섯 가지 개념으로 분류하였다.

로만 인가르덴(R. Ingarden)이 그의 주저 『문학예술 작품론』에서 지적한 것처럼 문학 작품에 나타난 공간은 현실적 공간이나 기하학적 공간이 아니다. 인간이 감각기관과 지각 기제의 도움으로 내재화된 공간, 즉 체험된 공간이다. 이러한 견해를 염두에 둔다면, 문학 작품에 내포된 공간은 작가의 세계관과 현실인식이 반영되는 주요한 구성요소 중

15) 노버그 슐츠, 민경호 옮김, 『장소의 혼』, 태림문화사, 1996. 32쪽.
16) 이-푸 투안, 구동회・심승희 옮김, 『공간과 장소』, 대윤, 2007, 19쪽.
17) 에드워드 랠프, 김덕현, 옮김, 『장소와 장소 상실』, 논형, 2005, 25쪽.

의 하나로 파악되어야 할 것이다. 여기에 우리가 문학공간에 관심을 기울여야 할 이유이다. 문학공간에 대한 관심은 작품 자체를 뛰어넘어 문학이 생산되는 현장 그 자체를 체험하는 작업이라고 할 수 있다. 또한 그것은 창조적인 작가의 내면세계를 탐구하는 작업이며, 나아가 인류가 보편적으로 가지고 있는 원초적인 생명공간을 확인하는 작업이 될 것이다.

'공간'을 바꾸어 표현하면'지형'으로 명기할 수 있을 것이다. 본래'지형'이라는 개념은 지리학과 지구과학 분야에서 제시된 것이다. 지구과학에서는 우리가 살아가는 지구의 표면 형태를 조사하고, 그 형성과정과 지역적 분포를 정리하여 지형을 통계적이며 체계적으로 이해하고자 하는 연구를 '지형학(Geomorphology)'이라고 하고 있다. 이러한 연구결과를 지도 위에 도식화한 것이 지리학에서 사용하고 있는 '지형(topographic map)'인 것이다.

문학에 있어서 이런 개념이 적용되지 않았던 것은 아니다. 1945년 조셉 프랑크(Joseph Frank)가 근대문학의 주요한 패러다임으로 '공간형식(Spatial Form)'이라는 개념을 제기한 이후, 다양한 관점에서 문학의 공간에 대한 논의가 이루어졌는데, 그 중에서도 특히 미첼(W.J.T Mitchell)의 논의가 주목된다. 그는 텍스트의 공간형식을 인쇄 공간, 텍스트 안에 재현·모방된 의미 공간, 구조 공간, 주제 공간 등으로 구분하였다. 이 가운데 문학지형학에서 주목하는 것은 의미 공간, 즉 작가가 체험한 실제 공간을 작품 속에 어떤 형식으로 재현했는가 하는 점이다.[18]

이 글의 이론적 근거로 이-푸 투안의 '공간과 장소'와 가스통 바슐라르의 '공간의 시학'이론을 수용하고 융합하고자 한다. 투안은 인류학과

18) 김수복, 「현대시와 지형학적 상상력」, 『한국문학공간과 문화콘텐츠』, 청동거울, 2005, 132～133쪽.

건축학, 행동심리학, 문학, 신학 등에서 다양한 연구 성과들을 수집하고, 그 속에서 지리적 경험들을 추출하여 공간과 장소가 가지는 의미를 서술하고 있다. 그리고 바슐라르는 작품을 창조한 작가 상상력의 독자성을 강조함으로써 작품의 본질을 작가의 전기적인 상황에서 접근하였다. 따라서 투안의 공간이론과 바슐라르의 공간의 시학은 본 논문이 구현하고자 하는 시문학 공간의 문화콘텐츠 방안을 도출하는데 가장 이상적인 연구방법이라고 할 수 있다.

연구의 범위는 1930년대 『시문학』 지를 중심으로 활약한 김영랑과 김현구의 시문학 공간인 강진을 논의의 대상으로 삼고자 한다.

제2장에서는 문학공간의 문화콘텐츠 연구에 대한 이론적 근거로 이-푸 투안'공간과 장소'와 바슐라르의 '공간의 시학'이론을 제시한 후, 공간의 개념과 문학공간의 분류하고자 한다. 그리고 두 이론을 수용하고 융합하여 문화콘텐츠로의 구현방법을 고찰할 것이다.

제3장에서는 김영랑과 김현구의 문학공간이 갖고 있는 특수성을 살피기 위해 강진의 인문 지리학적 원형(原形)과 『시문학』과의 관계, 두 시인의 작품에 드러난 공간성 등 강진의 다양한 문화적 리소스를 고찰할 것이다. 따라서 영랑과 현구의 작품에서 두드러지게 나타난 감성적 시어들은 강진의 인문지리적 환경 및 습속과 깊은 관계가 있다는 것을 밝히고자 한다.

제4장에서는 강진 시문학 공간의 문화콘텐츠화 방안으로 체험・축제・전시와 연구의 유형을 제시하고자 한다. 첫째, 체험의 콘텐츠화에 있어서는 먼저 〈모란 밭〉의 유형을 살핀다. '상실-슬픔-기다림' 등으로 요약되는 영랑의 모란을 원형으로 삼아 상상력을 체험토록 할 것이다. 여기에서 모란은 식물이라는 기의를 넘어 문명화된 현실에서 벗어나 상징적 상상력으로 자아를 발견케 하는 매개임을 밝힐 것이다. 〈남도

문학 탐방길〉 감성 체험의 유형으로서, 강진과 장흥, 해남지역의 문학 리소스를 연결하는 문학의 길을 제시하고자 한다. 〈남도문학 탐방길〉은 작품 공간에서의 문학적 체험과 사유를 유발시킴으로써 답사자의 인문학적 공감대를 끌어내는 데에 주목할 것이다.

둘째, 축제의 유형은 지역 콘텐츠로서의 〈탐진나루 축제〉를 제시하고자 한다. 이 콘텐츠는 기존에 치러온 〈탐진강 은어축제〉에 현구의 시문학 공간(「님이여 강물이 몹시도 퍼렇습니다」)을 융합하여 복합문화공간으로 재가공할 것이다. 따라서 탐진강은 장소성에서 벗어나 문학(현구문학제)과 자연체험(은어축제)을 융합한 새로운 인문학적 공간으로 거듭나는 계기가 될 것으로 보아진다. 다른 하나의 축제 유형은 강진-장흥-해남을 잇는 문학벨트형 〈남도문학축전〉이다. 전남서부권을 잇는 문학축전은 지역 문학제의 획일성을 탈피하고, 문학공간의 외연을 확장하여 문화콘텐츠화 하는 방안에 대해 논의할 것이다.

셋째, 전시와 연구의 유형에서는 〈시문학파 아카이브 구축〉과 〈영랑 시어의 가치 복원〉의 방안을 제시하고자 한다. 〈시문학파 아카이브 구축〉은 1930년대 『시문학』을 통해 활약하였던 9명의 시인에 대한 개별자료는 물론, 그들이 일궈낸 문학사적 성과 등을 데이터베이스화하여 학생들의 문학교육에 대한 기초자료로 활용할 것이다. 또 영랑 시어의 가치 복원을 위해 〈영랑 시어 연구회〉를 제안코자 한다. 연구회를 기존의 '영랑기념사업회'에 포함시켜 운영체계를 확보한 후 ▲정례 학술발표회 ▲영랑 시어 퀴즈대회 ▲영랑 학술상 제정·시상 ▲영랑학회 조직·운영 ▲학술지 발행 등을 실행하도록 하는 방법론을 제시할 것이다.

끝으로 제5장에서는 시문학 공간의 문화콘텐츠 방안에 대한 의의와 활용 방안, 그리고 기대 효과를 기술하고, 아울러 지자체의 문화정책에 대한 틀을 제시할 것이다.

제2장 문학 공간 콘텐츠화의 전제

1. 문학공간의 개념과 분류
2. 콘텐츠화의 이론적 배경
3. 문화콘텐츠의 구현 방법

제2장

문학 공간 콘텐츠화의 전제

1. 문학공간의 개념과 분류

'공간'에 대한 논의가 처음 나타나기 시작한 것은 1890대 초 건축 분야에서다. 이 시점은 전 유럽적인 양상이었던 아르누보 운동의 시작 시기와 일치한다.[1] 이후 20세기 초 예술의 전반적인 분야에서 공간에 대한 관심이 증가하였다. 하이데거는 '장소(공간)'는 인간의 실존이 외부와 맺는 유대를 드러내는 것이라고 주장하였다.[2] 우리가 일하고, 생활하는 모든 활동은 장소를 통해 가능하다는 것이다. 즉, 장소는 인간의 모든 활동과 삶이 이루어지는 공간이기 때문이다. 이는 문학에서도 마찬가지인데, 이를 역으로 생각해보면 인간의 삶의 조건을 형성하는 요소로서 장소나 공간을 연구하는 것이 매우 중요함을 말해주는 하나의 근거가 될 수 있을 것이다.

---

1) 박형진, 「슐츠의 실존적 공간론을 기반으로 한 현대건축 실내공간의 장소성에 관한 연구」, 건국대 건축전문대학원 박사논문, 2008. 57쪽.

2) 에드워드 랠프, 앞의 책 25쪽.

독일의 비평가 레싱(G.E. Lessing)은 그의 저서 『라오콘(Laokoon)』에서 시는 시간의 지배를 받는 예술이라고 분류하였다. 즉 공간적이고 동시적인 속성을 가지고 있는 조형예술에 비해서, 문학은 시간적이고 연속적인 속성을 가지고 있다는 것이다. 그러나 현대 예술비평은 이러한 전통적 논리와는 다른 방향에서 예술작품의 시간과 공간 개념을 말하고 있다. 공간예술인 회화에서 공간적 매체에 내재한 한계들을 극복할 수 있는 방법으로 시간성의 개념이 활발하게 도입되고 있는 것이다.

문학에서도 이러한 논의가 진행되어 왔는데, 1945년 조셉 프랭크가 근대 문학의 주요한 패러다임으로 '공간형식(Spatial Form)'이라는 개념을 제기[3]한 이후, 다양한 관점에서 문학의 공간에 대한 연구가 이루어지고 있다. 또한 정신분석학과 기호학적인 시각에서도 공간을 하나의 상징물로 파악하고 해석하려는 논의가 계속되고 있다.

문학작품에 드러난 공간의 의미 규명은 작품 연구와 구분해서 다룰 수 없는 문제적인 가치를 내포한다. 문학의 공간, 혹은 작품 속의 공간은 그 자체로 존재하는 순수공간이 아니고, 문학 생산자의 판단에 따라 일정하게 변형 혹은 굴절된 공간이며 동시에 독자가 해석하여 새로운 의미를 형성하는 '공간성'을 지닌다.[4]

---

3) 조셉 프랭크는 플롯 방법을 〈공간적 형식〉이라고 불렀다. 프랭크에 따르면 모더니스트들은 여러 가지 방법으로 전통적인 시간적 구성을 중지시키거나 아예 없애버리고, 그 대신 공간을 작품을 지배하는 구성 원리로 삼았다.

4) 이는 Joseph Frank의 「근대문학에 드러난 공간형식(Spatial Form in Modern Literature)」에서 비롯된 것으로 그는 근대문학의 주요 특질 가운데 하나로 시간개념의 공간화, 공간 형식(spatial form)을 설정한다. 그에 따르면 공간성은 작가가 대상 공간을 텍스트에 형성하여 그려내는 데 있지 않고, 텍스트에 형상된 공간을 독자가 해석하는 데서 창출되는 것이다. 말하자면, 서사체에서 공간은 대상공간의 실재성을 모방한 것은 아니지만, 작가가 일방적으로 그려낸 공간도 아닌 것이다. (장일구, 「서사적 공간론의 이론과 실제」, 『서강어문』, 서강어문학회, 1997, 204쪽 재인용.)

하지만 공간이 시간과 함께 근대적 사유의 핵심적 요인으로 작용하고 있으며, 근대적 삶은 역시 공간에 대한 사유와 별개일 수 없다는 점에서 공간의 문제는 간단하지 않으며, 공간연구 역시 매우 복잡한 계기적 층위를 내포한다고 말할 수 있다.

순수공간은 아무런 매개의 관계 속에 놓이지 않는 추상적인 대상일 뿐이다.[5] 자연철학에서 공간은 실재적(real)이지 않으며, 단순한 그릇과도 같은 것일뿐더러, 사물의 질서도 아니고 직관의 수용적 형식도 아니다.[6] 공간은 인간적인 판단, 주관의 개입에 의하여 다양하게 변형된 형태로 인식되는 대상이라고 볼 수 있다.

문학에서 공간 연구는 작품 생산자의 의도와 독자의 해석에 의해 재창조된 '새로운 공간'에 대한 탐구를 의미한다고 할 수 있다. 이때 문학공간은 모든 흐름과 연관, 계기적 변용, 창조와 재창조가 이루어지는 생산적 장소이며, 들뢰즈와 가타리 식으로 표현하자면, 다른 요소와 결합하여 어떤 질료적 흐름을 절단하고 채취하는 방식으로 작동하는 조직화와 재 조직화를 이루는 장소이다.[7] 다시 말해 문학공간이 재구성과 변용을 통한 집짓기에 비유될 수 있다면, 이는 문학생산자의 세계

---

5) 헤겔, 서동일 옮김, 『철학 강요』, 을유문화사, 1983, 223쪽.
여기서 헤겔은 "공간은 자기 외 존재이기 때문에 전적으로 관념적인 상호작용"이며 "일정한 구별을 자기 안에 갖지 못하기 때문에 단적으로 연속적이다." 또한 "공간은 순수한 양, 그것도 논리적인 규정으로의 양이 아니라, 직접 외면적으로 존재하는 양이다."라고 주장한다.

6) 소광희, 『시간의 철학적 성찰』, 문예출판사, 2001, 375쪽.

7) 들뢰즈·가타리, 최명희 옮김, 『앙띠 오이디푸스』, 민음사, 1994.
여기에서 '욕망의 기계'에 대하여 설명하고 있는데, 이 난해한 저서를 이해하는데 적절한 도움을 주고 있는 저서로 이진경, 『근대적 시, 공간의 탄생』(푸른 숲, 1997)이 있다. 이진경의 이 저서는 모든 움직이고 흐르며, 변용되는 기계들이 어떻게 근대적 삶의 형식과 관계되는지를 명료하게 보여주고 있다. '공간-기계' 역시 우리의 삶의 방식을 바꾸고 새로운 종류의 생활방식을 창출하는 데 기여한다고 말한다.

구축적 경험(constructive experience)[8] 의 결과물로 이해할 수 있을 것이다.

문학공간은 문학의 생산과 소비라는 문학행위가 상호 관계하는 접점이기도 하다. 작품을 생산하는 작가의 입장에서 그것은 체험의 내면화와 내면화된 체험을 재구성하는 매개이며, 독자의 관점에서는 해석과 재해석을 통해 유추된 경험의 일부를 이룬다. 이는 작가와 독자 사이에서 형성될 수 있는 사회적 경험, 다시 말해 구성원들 사이의 의사소통이 가능한 '문화적 기억 공간'[9]으로 작용할 수 있다는 의미를 내포한다고 할 수 있다. 문학작품이 유통되고 소비되는 이유 가운데 하나는 기억에 대한 동질성의 확보이며, 문학공간은 이와 같은 기억을 보전, 재생산하는 역할을 담당한다. 따라서 문학공간은 확장된 삶의 공간이며 역사적 경험을 기억하는 흔적이면서 과거의 체험을 현재화하는 동시대적 공간이기도 하다.[10]

공간의 개념은 데카르트의 선험적 공간 의식에서 비롯되었다고 할 수 있다. 그 이전은 물론 시대를 거슬러 올라가 고대 그리스시대에서도 오늘날과 같은 텅 빈 '공간' 개념은 존재하지 않았다는 것이다. 그러던 것이 로크와 뉴턴, 라이프니치의 고찰을 거쳐 칸트의 반성적 통찰에 의해 비로소 공간을 인간의 내부로 끌어들이게 된 것이다. '현대인'의 존

---

8) 박태일, 앞의 책, 29쪽.

9) A.아스만, 변학수 외 옮김, 『기억의 공간』, 경북대학교출판부, 2003, 392쪽. 아스만은 "장소는 그것이 기억의 기반을 확고히 하면서 동시에 기억을 명확하게 증명한다는 것 이상의 의미를 지닌다. 장소들은 회상을 구체적으로 지상에 위치시키면서 그 회상을 공고히 하고 증거 할 뿐 아니라 인공물로 구체화된 개인과 시대 그리고 문화의 다른 것에 비해 비교적 단기적인 기억을 능가하는 지속성을 구현한다."라고 말한다. 그의 이 말은 문학공간이 삶의 기억을 보존하고 유지하는 기능으로 작용한다는 사실로 읽어낼 수 있다.

10) 한원균, 앞의 책, 13쪽.

재 개념으로서 공간이라는 영어 단어 'Space'는 로마시대에 만들어졌고, 그 이전에는 'Topos'라는 단어가 사용되고 있었다. 'Topology(위상수학)', Utopia' 등에서 보이는 이 단어는 '사물의 고유한 장소'라는 의미를 가졌고, 오늘날 말이나 글의 '주제'를 의미하는 'Topic'의 어원이기도 하다. 여기에는 사물의 장소를 가장 잘 표현할 수 있어야 한다는 뜻을 내포하고 있는 것이다.[11] 그리고 'Topos'라는 성(姓)은 'Topography' 나 'Topophilia'에서도 그 생명력을 유지한다고 볼 수 있다.

토포그래피는 'Topos'와 'graphy'의 토포필리아는 'Topos'와 'philia'의 합성어이다. 전자는 '장소의 기록'을 의미하고, 후자는 '장소에 대한 사랑'을 뜻한다. 전자가 과학적 토대 위에 문학에서의 사실성을 담보하는 장치로 문화적 · 역사적 배경까지도 연루시키고 있다면, 후자는 인간 스스로가 머물고 있는 환경공간에 대해 남다른 애착을 갖게 되고 특별한 의미를 부여하기도 하며, 특정 장소에 애착을 보이는 과학적 · 문화 인접성까지도 확보할 수 있을 것이다. 가령, 박태원의 소설 『천변풍경』에서 청계천이라는 공간이 당시 사회의 문화적 · 사회적 요소들을 모두 담고 있으며 새로운 담론을 창출한다는 점에서 '청계천'이 토포필리아가 됨을 의미하는 것이다.

그러나 장소가 갖는 다양한 의미들을 사회적 문화적 언어 체계의 코드에서 읽어내어 새롭게 재현해내는 문제에 있어서는 별 관심이 없었다. 다시 말해 작품 생산이 이뤄지는 생산자의 입장에서 토포스를 보면 미적 향수의 대상에 지나지 않았다는 것이다. 그러나 작품 수용자, 즉 독자의 입장에서 보면 토포스가 새롭게 의미를 만들어내는 토포필리아가 될 수 있는 가능성이 열리고 있는 것이다. 그것이 정보문화산업의

---

11) 최병두 · 윤일성, 「근대적 공간에 대한 성찰」, 『오늘의 문예비평』, 2002년 겨울호, 28쪽.

발달에 의해서라는 것이다. 특히 우리나라처럼 IT 산업이 발달된 나라에서 정보는 정보재(information goods)되어 재화나 물질과도 같은 역할과 의미를 담고 있다고 할 수 있을 것이다.

장소란 개인들이 부여하는 가치들의 안식처이고 안전과 애정을 느낄 수 있는 고요한 중심이다. 직접적이고 간접적인 인간의 다양한 경험을 통하여 미지의 공간은 친밀한 장소로 바뀌고, 이것은 낯 설은 추상적 공간이 의미로 가득 찬 구체적 장소로 전환됨을 의미[12]하는 것이다. 지각하지 못한 어느 시점의 순간에서 이러한 감정을 갖기는 어려울 것이다. 그렇기 때문에 바로 시간의 순차적 흐름이나 순환적 변천에서 기인하는 역사적·문화적 설정에 이러한 기능이 문학에서 숨 쉬고 있는 것이다.

인간이 그 어떠한 공간과 장소에서도 벗어날 수 없다는 말은 결국 현재도 미래의 과거일 수 있다는 순환성에 바탕을 둔 것이다. 그래서 이제 토포필리아에 대한 문학적 탐색은 역사의 숨결을 더듬어 인간이 지각하는 사회적 공간과 개인적 공간을 향한 대화(커뮤니케이션)의 길을 모색해야 하는 것이다. 이것이 구체화하여 문화의 역작으로 인간의 공간사용법을 살피기 위한 프로세믹스(Proxemics)의 영역이 되는 것이다.[13] 결국 토포필리아에 의한 문학적 접근은 역으로 문학을 통한 토포필리아의 확인과 더불어 장소와 함께 하는 인간과의 대화가 수반되어야 하는 것이다.

문학작품이 하나의 구조물이라는 견해는 넓은 공감대를 형성하고 있다고 할 것이다. 구조란 자체로 유의미한 성분들이 유기적 결합관계를 지칭하는 것이다. 문학작품의 구조는 완결성을 지향하는 자족적 형태

12) 이-푸 투안, 앞의 책. 7~8쪽.

13) 에드워드 홀, 최효선 옮김, 『숨겨진 차원』, 한길사, 2002, 37쪽.

라는 관점에서 종종 우주의 집약 체라는 비유가 동원되기도 하는데, 로트만은 텍스트의 공간은 규범적인 공간적 모델링의 언어가 된다고 하였다. 나아가 공간은 규범적인 공간적 관계들과 유사한 관계들이 그 사이에 존재하는 동종적인 대상들(현상, 상태, 기능, 그림, 다양한 의미 등)의 총화라고 말한다.[14] 여기서 주목할 점은 하나의 텍스트 즉, 문학적이라고 부를 수 있는 작품과 그 외적인 장르들 간의 상호관계에 대한 관심일 것이다. 다시 말해 하나의 텍스트가 자기충족적인 구조로 존재한다고 해도, 유사한 장르 사이의 상호관계성과 언어사용 관습 등의 두 가지 계층적 관련성을 소홀히 할 수 없다는 것이다. 전자는 보편적통사구조라든가 장르 사이의 상호 결합, 일종의 상호텍스트성(intertextuality)으로 설명되고, 후자의 경우 텍스트가 지니는 외적인 현실과의 구조적 유사성(homology)으로 이해할 수 있을 것이다. 작품 내의 질서와 작품 외적인 현실이 텍스트의 공간으로 수렴된다는 시각이 문학공간에 대한 이해의 폭을 확장시킬 수 있기 때문이다.

문학공간은 세 가지 측면에서 논의할 수 있을 것이다. 첫째, 문학작품 속에 묘사된 지리적 공간을 칭하는 것이다. 문학 작품 속에는 언제나 삶의 이야기가 있고, 주인공들은 항상 어디엔가 그대로 살고, 행동하며 이동한다. 작품을 읽는 독자는 자기가 사는 현실의 공간을 떠나 상상을 통해 책 속에 담긴 '또 다른 곳'으로 가게 된다는 것이다. 이런 의미에서 미셸 뷔또르가 "모든 허구의 이야기는 우리의 공간 속에 마치 여행처럼 새겨진다."고 말한 것은 독서를 통한 문학속의 또 다른 지리적 공간으로서의 이동을 지적한 표현이라고 할 것이다.

둘째로 문학의 공간이라는 말은 텍스트 공간, 다시 말해서 문학 텍스

---

14) 유리 로트만, 유재천 옮김, 『예술텍스트의 구조』, 고려원, 1991, 330쪽.

트 그 자체, 그것이 차지하고 있는 문자화된 물질적 공간, 그 특이한 배열, 구성을 가리킨다. 제라르 쥬네트는 문학을 언어의 공간이며, 그것은 "글씨의 공간성, 기호들, 단어들, 우리가 텍스트라 부르는 것의 동시성 속에 역행 가능한 담화의 비시간적인 배열"이라고 말한다. 이때 쥬네트는 독서라는 행위에 의해 실현되기 이전의 텍스트적 존재가 차지하는 공간, 그 공간의 물질적 특징을 염두에 두고 있는 것이다. 이것은 마치 "연주되기 이전에 잠재적으로 음악이 존재하는 악보"와 같은 것이다.

위에서 말한 첫 번째 의미의 문학 속에 담겨 있는 공간이 "수동적으로 의미화 된 공간"이라면, 두 번째 의미의 문학의 공간은 "능동적으로 의미화 하는 공간"이라고 쥬네트는 지적[15]하고 있다.

셋째로 우리가 문학의 공간을 말할 때, 그것은 작가의 글쓰기에 몸을 맡기는 공간, 삶, 현실이 이미지가 되고, 그 이미지를 언어화하고자 하는 끝없는 새로운 시작만이 열리는 공간, 언어를 통해 현존이 부재가 되고, 부재가 현존이 되는 공간, 블랑쇼[16]적 의미의 문학의 공간을 지칭할 수도 있다.

---

15) Gerard Genette, "Litterature et espace", *Figure II,* Seuil, 1969, p. 45.
쥬네트는 텍스트 공간이 능동적인 의미와 공간이라는 것을 다음과 같이 설명한다. 언어의 공간적 존재 양상을 처음 드러낸 것은 소쉬르와 그를 이은 언어학자들이라고 볼 수 있다. 파롤(parole)이 시간성의 지배를 받는다면 랑그(langue)는 공간적인 성격을 띤다. 시차적인 관계의 체계로 정의될 수 있는 랑가쥬(langage)의 위치가 랑그의 첫 번째 기능이기 때문이다. 랑가쥬의 공간성은 문학 텍스트 속에 명백히 드러난다.

16) Maurice Blanchot, *L'Espace litteraire,* Gallimard, 1978. p. 54.
쥬네트는 여기에 두 가지 다른 양상의 문학의 공간을 거론한다. 첫째는 표면적인 기의와 실제적인 기의 사이에 담화의 선적인 성격을 단번에 무너뜨리면서 파여지게 되는 의미의 시간으로서의 문학의 공간이다. 둘째는 문학을 "시간을 초월한 익명의 거대한 산문"으로 볼 때 그러한 문학의 총체성을 우리는 도서관이 하는 공간성으로 포착할 수 있다.

우리가 문학의 공간에 대한 연구라 할 때 그것은 보통 첫 번째 의미의 공간의 연구, 즉 문학 텍스트 속에 나타난 지리적 공간의 연구를 말하는 것이다.문학 속의 공간을 논할 때, 그것은 회화 속의 공간과 비교되어 설명된다는 것이다. 미카엘 이사샤로프는 곰브리치나 아르나임 등 여러 예술 비평가들의 말을 인용하면서, 이 두 예술 속에 표상된 공간의 공통점과 차이점을 명쾌하게 설명해준다.17) 회화와 문학 속의 공간의 공통점이란, 곰브리치의 말을 따르면 화가가 그린 시각적 풍경이나 소설가가 그린 언어적 풍경이 둘 다 수신자의 "창조적 지각작용"이 필요불가결하다는 것이다.

회화의 공간과 문학작품의 공간은 엄연한 차이점이 있다고 할 수 있을 것이다. 예술비평가 루돌프 아르나임의 견해를 따르면, 회화는 화가에 의해 구체적으로 공간이 제시되기 때문에 상상력이 반감되는 데에 반해, 문학공간은 언어로 표상된 공간을 다시 이미지로 환원시키는 과정에서 독자로 하여금 능동적인 상상력을 요구한다고 하였다. 독자의 능동적 상상력의 개입 정도에 따른 회화와 문학작품 속 공간의 차이점은, 영화나 연극의 공간과 언어로 표현된 문학 속의 공간 사이의 차이점과 같다고 바이스 제르베르가 지적한 바 있다.

위에서 지적한 바를 도식화하면 다음과 같이 나타낼 수 있다.

1) 텍스트 자체로 성립하는 공간
   ① 텍스트의 구조
   ② 사건과 서사의 진행 공간
2) 지리적 대상으로서의 공간
   ① 작가 체험의 재구성

---

17) Michael Issacharoff, *L'Espace et laNouvelle,* Jose corti, 1976, pp.10~19.

② 텍스트 생성의 기원 혹은 반영 대상

문학작품 내에서 드러나는 공간은 주로 묘사의 형태로 나타난다고 할 수 있다. 공간은 작품의 개연성을 제고하고, 의미 있는 서사적 구조를 형성하는 데 기여한 것이다. 텍스트 속에서 공간의 기능은 다음 두 가지로 요약할 수 있을 것이다. 첫째, 공간묘사는 허구의 이야기를 진실인 듯한 세계에 위치시킨다는 것이다. 둘째, 다른 공간에는 행동, 플롯이 전개되도록 하는 기능이 있다는 것이다. 따라서 소설 속에서 묘사된 공간은 작품의 구성을 효과적으로 뒷받침하는 기능을 갖는다고 할 수 있다. 여기서 작품 속의 공간은 독자들로 하여금 실재성을 갖게 하며, 나아가 전체적 공간 속에서 배치된 여러 가지 서로 다른 장소들이 서로 대칭, 대조되거나 친화력과 긴장, 혹은 혐오 등의 관계를 맺고 있다는 사실을 발견하게 된다.[18] 이는 실재성, 혹은 실재의식에 대한 미학적 조롱의 결과이며, 작품의 예술적 성공 여부와 공간설정은 긴밀한 관계에 놓인다고 할 수 있다. 하지만 더욱 중요한 것은 문학공간은 그 공간에 대한 인간의 관점, 작가와 독자가 해석을 통해서 만나는 변용의 형태라는 사실이다.

> 풍경이라는 것은 조망되는 자연 측에 존재하는 것이 아니라, 조망하는 인간 측에 존재하는 것이다. 조망하는 인간이 없다면 풍경이라는 것은 존재하지 않는다.〈중략〉 그리고 무엇을 아름답다고 보고, 어떤 자연을 적적하다고 조망했던가는 일찍이 그것을 아름답다고 발견하고, 적적한 것으로 그려낸 '예술'이 선행하기 때문에 가능한 것이다.[19]

18) 김화영, 『소설이란 무엇인가』, 문학사상사, 1986, 150쪽.

19) 池田弦三郎, 『たが身の 風景』, 讀書新聞社, 1976, 199쪽.

위의 인용문은 '풍경'을 인간중심적 관점에서 본 것이다. 풍경과 장소는 경험하는 자의 상상력과 긴밀하게 연관되며, 여기서 문학적 가치가 발생한다고 볼 수 있을 것이다. 문학공간에 대한 연구는 몇 가지 계기를 내포하고 있지만, 본질적으로 상상력의 공간이며, 실재적 대상에 대한 기계적 모방은 아니라는 점이 분명해진다고 할 수 있을 것이다. 따라서 문학 공간에 대한 연구는 이와 같은 범주 아래서 작품 현상과 관련지어 탐구되어야 할 것이다.

2. 콘텐츠화의 이론적 배경

공간에 대한 이해와 연구는 인류의 역사와 함께해 왔다고 할 수 있을 것이다. 인간은 공간을 만들고, 역으로 공간은 인간의 의식과 행태에 심대한 영향을 주면서 역사와 함께 진전되어 왔기 때문이다. 공간과 우리 삶의 이 같은 관계에도 불구하고 우리 사회는 그간 양적 팽창만을 우선하는 사회적 가치체계에 경도되어 우리 주변의 공간과 삶의 질에 눈길을 돌릴 여유가 없었다. 그러나 지금의 우리 사회는 이렇게 편향된 가친관의 수정, 이른바 삶의 질이 소중하게 여겨지는 시대로 접어들었고, 이런 점에서 공간에 대한 폭넓은 이해는 대단히 중요하다고 할 수 있다. 공간이론은 다양한 분야에서 실로 많은 학자들이 이론을 제시[20)] 하고 있다.

이 글에서 추구하고 있는 시 문학공간의 재가공을 통해 문화콘텐츠

---

20) 진영환, 『현대 공간이론의 사상가들』, 한울아카데미, 2005, 6~15쪽.
이 책에서는 공간이론의 다양한 분야를 개척해온 학자 38인의 삶과 주요 이론, 연구의 배경, 학문적 업적과 평가 등을 상세하게 소개하고 있다.

로의 개발을 위해서는 탄탄한 공간이론이 뒷받침되어야 할 것이다. 앞서 밝힌 바대로 연구의 성과물을 구현하기 위해서 이-푸 투안의 '공간과 장소'와 가스통 바슐라르의 '공간의 시학'을 수용하여 융합하고자 한다.

1970년대에 들어 1960년대에 풍미했던 논리실증주의 방법론에 도전하는 다양한 접근들이 좌우로부터 나타났다. 그 가운데 렐프(E Relph)와 투안은 실증주의적 방법론에 의한 환경 이미지(environmental imeges)연구를 비판하면서 현상학적 · 경험적 관점에서 선구적으로 도입하였다. 투안은 자신의 실험적 접근을, 실증주의적(과학적) 방법론을 대치하는 것이라기보다는 그것을 보완하는 것이라고 보았다.

투안은 인류학, 건축학, 행동심리학, 문학, 신학 등에서 다양한 연구 성과들을 수집하고, 그 속에서 지리적 경험들을 추출하여 공간과 장소가 가지는 의미를 서술하였다. 나아가 이처럼 다양한 경험들이 가진 미묘한 차이를 반영하고 자의적인 분류와 일반화의 함정에 빠지지 않으면서 종합을 이끌어낸 것이다.

투안은 자신의 저작『공간과 장소(Space and Place)』(1977)에서 그는 신학자 틸리히(Paul Tillich)의 일화를 통해 경험에서 공간이 가지는 의미를 정의하고 있다.

> 틸리히는 19세기 말 동독의 한 도시에서 태어나고 자랐다. 그 도시는 중세적 성격을 가지고 있었다. 성벽으로 둘러싸여 있고 중세풍 시청이 운영하는 그 도시는 작고 보호되어 있으며 자급자족적인 세계라는 인상을 주었다. 상상력이 풍부한 아이에게 그 도시는 좁고 제한되어 있다고 느껴졌다. 하지만 매년 어린 틸리히는 가족과 함께 발틱해로 여행을 떠날 수 있었다. 끝없는 수평선과 해안선의 막힘없는 공간으로의 비행은 엄청난 대사건이었다. 한참 뒤에 틸리히는 은

퇴 후 여생을 보낼 곳으로 대서양의 한 장소를 선택했다. 그 결정은 확실히 어린 시절의 경험 때문이었다. 또한 어렸을 때, 틸리히는 베를린으로 여행함으로써 이상하게도 그는 바다를 연상하게 되었다. 베를린에서도 틸리히는 어떤 개방성, 무한함, 막힘없는 공간을 느꼈다. 이런 종류의 경험은 우리가 잘 알고 있다고 생각하는 '공간'같은 단어의 의미를 다시 한 번 곰곰이 생각하게 한다."

투안은 『공간과 장소』에서 실증주의 지리학이 간과한 풍부한 지리적 영역들을 인본주의적 관점에서 예리하게 포착해냈다고 할 수 있다. 그의 '공간과 장소'이론은 '장소애'를 뛰어넘어 인간-환경의 관계에 대하여 한층 일관된 논지를 제시했던 것이다. 투안은 공간과 장소를 환경을 구성하는 근본요소로 보고, 세 가지 주제를 중심으로 '인간이 어떻게 세계를 경험하고 이해 하는가'를 탐구한 것이다. 투안이 관심을 기울이는 세 가지 주제는 첫째, 경험의 생물학적 토대, 둘째, 공간과 장소의 관계, 셋째, 인간 경험의 범위이다.

투안은 인간의 육체가 공간감과 장소감을 형성하는 토대라고 간주하고 있다. 따라서 그는 인간의 생물학적 사실들에서 기인하는 공간과 장소의 경험을 기술하고, 인간이 공간과 장소에 의미를 부여하고, 그것을 조직하는 방식을 이해하고자 하였다.

공간은 움직임이며, 개방이며, 자유이며, 위협이다. 장소는 정지이며, 개인들이 부여하는 가치들의 안식처이며, 안전과 애정을 느낄 수 있는 고요한 중심이라고 할 수 있다. 인간은 직접적으로, 그리고 간접적으로 다양한 경험을 하며, 이러한 경험을 통하여 미지의 공간은 친밀한 장소로 바뀐다. 즉, 낯선 추상적 공간(abstract space)은 의미로 가득 찬 구체적 장소(concrete place)가 된다는 것이다. 그리고 어떤 지역이 친밀한 장소로서 우리에게 다가올 때 우리는 비로소 그 지역에 대한 느낌(또는 의식), 즉 장소감(sense place)을 가진다고 할 수 있을 것이다.

공간과 장소에서 일어나는 인간의 경험은 대단히 복잡하다고 할 수 있다. 투안은 이처럼 복잡다단한 경험들을, 경험의 수준에 따라 신체의 운동범위(전방/ 후방, 수직/ 수평, 상/ 하, 좌/ 우)에서 부터 방, 집, 근린, 마을, 도시, 국가, 대륙에 이르는 다양한 차원까지 기술하였다. 이런 식으로 공간과 장소에 대한 인간의 경험을 체계화하여 인간의 경험이 얼마나 광범위하고 복잡한지를 드러내고, 그러한 경험적 요소들 사이의 체계적 관계들을 보여준 것이다.

투안이 주장하는 공간 경험, 육체와 공간, 친밀한 장소, 시간과 장소의 관계 등 사람들의 일상생활과 관련된 다양한 경험들에서 살펴 볼 것이다. 이를 통해 본 연구의 목적인 인문학적 개념을 가미한 시문학 공간의 문화콘텐츠화를 밝힐 수 있을 것으로 기대한다.

바슐라르는『공간의 시학』에서 시적 교감의 현상에 대해 주목하고 있다. 그의 시적 교감의 문제는 전기적 비평과 정신분석적 비평에 비판이 가해지는 계기를 이루고 있다. 그 두 비평에서 이미지를 의식적인 것이든 무의식적인 것이든 작가의 생애의 한 요소에 비추어 설명하려고 하지만, 실제 우리 독자들이 구체적으로 하나의 작품, 하나의 이미지에서 감동을 느낀 독서 체험을 돌이켜보면, 그 감동은 작가의 생애에 대한 지식을 모르고서도 이루어진 것이었다.

바슐라르는 '시인이 제공하는 말의 행복, 시인의 생애의 드라마마저 뛰어 넘는 그 말의 행복을 체험하기 위해 시인의 괴로움들을 살펴보아야 할 필요는 조금도 없는 것이다.[21] 그리고 이와 같이 이미지의 교감이 결정론적인 설명에서 벗어난다는 사실 자체가 바로 그 이미지를 창

21) 가스통 바슐라르, 정광수 옮김,『공간의 시학』, 민음사, 1990, 85쪽.

조한 작가의 상상력 및 그 이미지를 떠올림으로써 감동의 심리적 체험을 얻게 하는 독자의 상상력의 비결정적 성격에 대한 증거가 된다는 것이다.

바슐라르의 독창적인 점은, 그 이전까지 사람들이 상상력을 단순히 대상의 이미지를 기억하는 정신기능으로 생각했던 데 반해, 그는 상상력이 외계와는 관계없이 독자적인 법칙에 의한 작용을 가지고 있다고 생각한 데 있다고 할 수 있다. 그는 극단적으로 '이미지 없는 상상력'(『공기와 꿈』)의 존재를 가정함으로써 상상력이 '하나의 관념철학의 근본적인 원리'(『공기와 꿈』)로 정립된다. 바슐라르의 문학사상을 상상력 이론이라고 하는 것도 이 때문이다.

바슐라르의 관념론적 상상력 이론은 세 부분으로 나누어 볼 수 있다. 첫째, 상상력의 독자적인 작용이 외계의 대상에 어떻게 나타나는가, 달리 말하면 상상력의 독자적인 작용이 어떻게 외계의 대상을 변형시키는가를 밝히는 4원소론, 둘째, 상상력의 그 독자적인 작용 자체를 밝히는 이미지의 현상학, 셋째, 상상력의 궁극성을 밝히는 원형론이 그 셋이다. 하지만 이 세 부분은 따로 독립될 수 있는 것이 아니라, 하나의 전체로서 상상현상의 세 측면을 각각 조명하는 것에 지나지 않는다는 것이다. 상상현상의 그 세 측면을 한데 묶어 말하면, 상상력은 외계 대상의 이미지를 받아들여 스스로 이상적인 것으로 삼고 있는 상태로 변화시켜 가는데, 그 작용이 우리의 실용적인 목적이나 생리적인 욕망과는 전혀 관계없는 것이기에 독자적인 것이라고 할 수 있다.

바슐라르는 『공간의 시학』에서 상상력의 궁극성은 요나 콤플렉스라고 말한다. 그것은 우리들이 어머니의 태반 속에 있을 때에 우리들의 무의식 속에 형성된 이미지로서, 우리들이 어떤 공간에 감싸듯이 들어있을 때 안온함과 평화로움을 느끼는 것이다. 하지만 어머니의 태반 속은 우리의 의식으로는 기억해 낼 수 없는 공간이라고 할 수 있다. 어머니의 태반 다음으로 우리가 평온함을 느끼는 내밀한 공간은 바슐라르의 지적처럼 바로 집이다.

집은 인간의 사상과 추억과 꿈을 한데 통합하는 가장 큰 힘의 하나라고 할 수 있을 것이다. 과거, 현재, 미래는 집에 각각 다른 역동성을, 때로는 대립되기도 하고 때로는 부추기기도 하며 흔히 서로 겹치는 각각 다른 역동성을 부여하는 것이다. 집이 없다면 인간의 존재는 산산이 흩어져 버릴 것이다. 집은 하늘의 뇌우(雷雨)와 삶의 뇌우(雷雨)들을 거치면서도 인간을 붙잡아 준다. 그것은 육체이자 영혼이며, 인간 존재 최초의 세계이다.

바슐라르는 집을 수직적인 존재로 파악하고 있다. 이러한 수직성은 지하실과 지붕 밑 곳간의 양극성으로 확보된다. 좀 더 자세히 말한다면, 그러한 집의 수직적 존재는 우리의 의식 형성의 근간이 되고 있다는 것이다.

위에서 살펴본 바와 같이 바슐라르는 시적 이미지 중 공간의 이미지를 중점으로 하여 소유되는 공간, 적대적인 힘에서 방어되는 공간, 사랑받는 공간 등 공간의 인간적인 가치를 규명하고 있는 것이다. 시 속에 존재하는 공간은 실제의 공간은 아니지만, 우리의 상상력을 통해 구현되고 그 가치를 갖는다고 할 수 있을 것이다.

3. 문화콘텐츠의 구현 방법

인문학과 콘텐츠의 만남에서 문학작품은 매우 중요한 위치에 놓인다. 문학 작품 속의 공간에 새로운 상상력이 가미되면 문화콘텐츠로의 재창출이 가능하기 때문이다. 관객 1천만 명을 동원한 영화 〈왕의 남자〉가 나오게 된 계기도 광대에 대해 관심이 많았던 한 국문학자의 상상력에 힘입은 바 크다고 할 것이다. 민속학의 한 분야인 무속도 미신으로 바라보면 버려야할 비과학적인 것이지만, 문화적인 차원에서 접근하면 우리 민족만의 특이한 사유체계를 탐색할 수 있는 요소들이 많다. 고조선부터 조선시대까지의 문학이나 역사는 디지털 DB화되어 디지털 미디어 속에서 대중과 만날 수 있고, DB화된 문학이나 역사자료는 문화콘텐츠로 재가공 되어 문화산업의 아이템으로 활용되거나 교육용 콘텐츠로 활용될 수 있다는 것이다.

2002년부터 시작된 문화콘텐츠진흥원의 원형사업은 인문학적 자산이 대중과 잘 소통할 수 있는지, 산업화에 용이한지를 잘 보여주었다. 이러한 시도는 창의력과 경쟁력의 보고(寶庫)가 될 수 있는 한국문학 원형을 시대별, 장르별 또는 주제별로 디지털콘텐츠화해 문화산업에 필요한 창작소재로 제공함으로써 문화산업의 경쟁력 향상을 도모할 뿐만 아니라 인문학의 외연 확대에 기여하게 될 것이다.

문화콘텐츠는 학제 간 연계를 통해 이루어진다고 할 수 있다. 원천소스를 발굴하고 가공해 문화콘텐츠의 리소스(resource)로 제공하는 것은 문학 분야에서 담당해야 하고 이를 웹상에 어떻게 구현할 것인가를 기획하고 디자인하는 것, 이에 따른 기술을 개발하는 것은 공학 기술 분야의 몫이다. 이러한 학제 간 연계를 통해 문학이 대중에게 다가갈 수 있는 통로를 제공하고, 이로 인해 새로운 응용 인문학으로 자리매김해가고 있는 것이 문화콘텐츠학이다.

문화콘텐츠가 경제적 효용성을 갖는 정보재(information goods)가 되는 디지털시대에서 간과해서는 안 될 몇 가지가 있다. 정보재는 누구나 사용할 수 있는 개방성을 지니고 있고, 누가 사용하는가에 따른 효용성의 차이가 있으며, 효용에 있어서 일시성이 있다. 그러므로 정보는 언제든지 새롭게 업데이트가 이루어져야 하고, 새로운 문화 환경에 잘 적용되어야 할 뿐 아니라, 그 반대로 정보가 어떤 환경의 변화에도 계속적으로 효용성을 지닐 수 있어야 한다. 따라서 정보를 정보재로만 볼 것이 아니라, 지식의 산출로 보아야 할 필요가 있다.

지식이란 인간 자신을 되돌아보게 하고, 삶의 공동체인 사회와 제도와 구조 등을 반성하게 하는 힘을 지니고 있다. 무엇이 가장 옳은 것인가를 논하면서 얻어진 결과물인 지식은 우리 인간의 삶을 올바른 방향으로 나아가도록 하는 지침과도 같은 역할을 하는 것이다. 문화콘텐츠가 놀이와 게임만으로 이루어진다면, 결국 오락만 남게 되고 언젠가 인간으로부터 외면 받게 될 것이다. 그렇게 되지 않기 위해서는 인간이 자기 자신을 되돌아보는 반성과 성찰의 동기를 주어야 할 것이다. 이것이 교양이라고 할 수 있고, 인문학적 사고라고 할 수 있을 것이다.[22]

문학작품이 독자들과 괴리되었다는 지적은 이미 있었고, 문학이 변화하는 시대적 요구를 수용하지 못하고 있다는 지적도 새삼스럽지 않다.[23] 또한 수동적인 텍스트 분석으로 일관했던 문학교육이 학생들의 동감과 이해를 유도하는데 실패하고 있다는 지적도 있었다.[24]

그러나 이러한 진단들이 그대로 문학의 가치가 사라졌다는 논리로 연결될 수 있는 것은 아니다. 문학은 여전히 인류의 정신문화를 창조하고 전달하며 보존하는 역할을 가장 효과적으로 수행하고 있는 예술이며, 이러한 역할은 앞으로도 크게 변하지 않을 것이다. 변하는 것은 문

22) 우정권, 「문화콘텐츠」, 『한국문학콘텐츠』, 청동거울, 2005, 22~23쪽.

23) 최혜실, 『디지털 시대의 문화읽기』, 소명출판사, 2001, 16쪽.

24) 진중섭, 「학교 현장 창작교육의 현실과 과제」, 『창작교육, 어떻게 할 것인가』, 문학과 문학교육연구소, 푸른사상사, 2001, 112쪽.

학의 가치 그 자체가 아니다. 오직 문학의 원질(原質)을 전달하는 매체가 변모했을 뿐이다.

구술언어로 이루어졌던 고대의 문학이 중세의 보편 언어라는 매체를 받아들여 문자 텍스트로 자리 잡았고, 근대 이후 모국의 문자라는 매체를 받아들여 성장하였으며, 이제 다시 멀티미디어라는 복합적인 매체를 수용하여 새로운 형식을 창조하고 있다. 요컨대 지금까지 이루어진 문학의 변화는 대부분 매체의 문제로 국한된다. 여타의 예술 장르와 마찬가지로, 인간의 사상과 감성을 표현하고 삶의 진리를 추구한다는 문학의 기본적인 본질은 변모하지 않았고, 변할 수도 없다. 연주되는 악기가 달라지더라도 음악의 본질 자체는 변하지 않는 것과 같은 이치라고 할 수 있다.

문학예술을 문화산업에 적용시키기 위해서는 우선 문화산업의 개념과 특징을 살펴볼 필요가 있을 것이다. '문화산업(culture industry)'이라는 용어는 『계몽의 변증법』에서 처음 사용되었다. 호르크 하이머와 아도르노는 이 책에서 문화산업을 "대중 기만으로서의 계몽"이라고 정의하면서, 대중문화의 산업화 현상을 비판했다. 그들의 관점에서 보자면, 대중문화는 '기계적으로 복제 가능한 틀'에 '천편일률적으로'제작된 내용을 대입시킨 '획일적인 생산물'에 지나지 않는다는 것이다. 그들은 대중문화의 창작·유통과정이 촉진될수록 자본주의적 산업구조가 예술을 지배하고 통제하여, 비합법적인 복종을 낳게 하는 상황이 되었다고 설명했다. 이를 바탕으로 호크 하이머와 아도르노는 자본주의 논리와 결합된 문화산업은 대중을 비정치화 시켜 권력에 수동적으로 반응하고 자본주의적 체제의 이데올로기에 동조하도록 만들었다[25]고 주장했다.

25) 호크하이머·아도르노, 김유동·주경식·이상훈 옮김, 『계몽의 변증법』, 문예출판사, 1995, 168~191쪽.

이와 같은 비판은 문화산업이 국가 경쟁력을 높이는 주요 산업의 하나로 주목받는 오늘날에도 여전히 유효하다고 할 수 있을 것이다. 하지만 이런 비판을 제기했던 그들 역시 소비자들은 문화상품을 꿰뚫어보면서도 어쩔 수 없이 거기에 동화되지 않을 수 없다[26]고 설명했던 것처럼, 자본주의적 산업구조를 전면적으로 부정하지 않는 한 문화의 산업적인 측면 역시 부정될 수 없는 것이 사실이다. 더구나 오늘날 산업사회가 문화를 산업화하는 것에서 산업 그 자체를 문화화 하는 것으로 변모[27]하고 있다는 사실을 염두에 둔다면 '문화산업'이라는 용어에 대한 새로운 접근이 요구된다고 하겠다.

21세기 문화산업에 대한 논의가 여러 각도에서 조명되면서 문화콘텐츠를 어떻게 활용하고 가치 있게 사용할 수 있는지에 대한 여러 방안이 나오고 있다. 문화란 객관적 실체라고 할 수 있다. 이미 사람들이 이루어 놓은 많은 것들, 그것들이 공동체를 이루어 여러 사람들이 그 속에서 문학적 특성을 찾아내고 그것을 콘텐츠화 하는 것이 문학콘텐츠이며, 그 콘텐츠를 이야기로 풀어 말한 것이 스토리텔링이다.[28]

스토리텔링은 '스토리(story)+텔링(telling)'의 합성어로서 상대방에게 알리고자 하는 바를 재미있고 생생한 이야기로 설득력 있게 전달하는 행위의 총체다. 이때 이야기는 특정 부류를 타깃으로 하여야 효과가 크고, 내용은 듣는 이의 흥미를 자극하며 그 방향은 다중성을 지녀야 할 것이다.

요즘 세대는 점점 복잡한 것을 싫어하는 경향이 늘어남에 따라 재미

---

26) 위의 책, 228쪽.

27) 박덕규, 「문학예술기행의 문화산업적 의미」, 『한국문화기술』 1, 한국문화기술연구소, 2005, 94쪽.

28) 김의숙·이창식, 『문학콘텐츠와 스토리텔링』, 역락, 2005, 115쪽.

있는 이야기 형태로 상대방에게 메시지를 전달하는 방법의 필요성이 커지고 있다. 또한 지식의 생산과 활용이 중시되는 정보화 사회에 따른 교육제도의 변화로 인해 감성의 시대로 접어들었다고 할 수 있다. 이로 인해 예술과 상품의 경계가 와해되고 문화콘텐츠산업이라는 제3의 개념이 생겨났다.

전시 및 체험 공간콘텐츠는 근래에 각광받고 있는 분야이다. 각 지자체별로 활발하게 건립되고 있는 문학관과 문학 관련 테마파크 등이 여기에 속한다고 할 수 있다. 문학관은 '전시'와 '관람'을 기본적인 틀로 삼는다는 점에서 일종의 박물관 개념으로 볼 수 있을 것이다. 그러나 소장품의 성격상 애초부터 대중의 참여를 기본요소로 하고 있다는 점[29)]에서는 여타 박물관과 성격을 달리하고 있다. 즉, 문학관은 '전시'와 '관람'이라는 기본 요소 위에 이용자들이 '참여'가 더해질 때 가치가 완성되는 공간이라고 할 수 있다. 여기에 기존에 이루어졌던 낭송・노래・시극 혹은 문인극・문학화 등의 분야까지 포함한다면, 문학콘텐츠는 현대사회의 새로운 아이콘이라 할 수 있다.[30)]

따라서 문학에 대한 기존의 논의가 주로 작품의 공급자(producer)인 작가를 중심으로 이루어졌다면, 공급자와 소비자(consumer)의 경계가 허물어진 현대에서는 '생산적 소비자(prosumer)'인 독자를 중심으로 이루어져야 한다. 즉 문학도 이제 하나의 콘텐츠로서 인식되어야 하며, 이 과정에서 산업마케팅 측면이 강조돼야 할 것이다.

---

29) 『경기 문학 활성화를 위한 지역문학관 정책 연구』, 경기문화재단, 2006. 19쪽.

30) 최수웅, 「문학공간의 콘텐츠화 방안-공간 중심 스토리텔링 창작방법 시론」, 단국대 한국문화기술연구소 제3차 국제학술심포지엄, 2007.

제3장 강진 시문학 공간의 문화적 원형(原形)

1. 인문지리학적 원형
2. 김영랑 · 김현구와 『시문학』
3. 강진 소재의 문학작품 원형
   가. 김영랑 시의 공간성
   나. 김현구 시의 공간성

제3장
강진 시문학 공간의 문화적 원형(原形)

1. 인문지리학적 원형

전남 강진은 한반도의 서남단에 위치하면서 북으로는 월출산을 경계로 영암, 동으로는 장흥, 서로는 해남, 남으로는 바다를 끼고 완도와 인접해 있다. 강진지역은 전남 3대 강의 하나인 탐진강 유역을 중심으로 한 성전면, 작천면, 강진읍, 군동면 일대에 비교적 넓은 평야가 발달되어 있고 강진만은 어패류가 많이 서식하고 있다. 따라서 선사시대 강진은 자연적으로 주변의 강과 바다, 산에서 풍부한 수렵과 어로채집이 가능했을 것이다. 지리적으로는 내륙과 해양을 잇는 문화이동로로서 선사시대부터 많은 세력집단이 살았을 것으로 여겨진다.[1)]

강진에는 청동기 문화유적이 광범위하게 분포되어 있다. 이곳에서 주로 발견되고 있는 것은 주거지로 추측되는 군동면 파산리 유적 1개소의 강진 전역에 산재해 있는 다수의 고인돌이다. 강진의 청동기문화 형성은 내륙지방의 문화와 강진만을 중심으로 한 도서지방의 문화를

1) 문병일, 『康津郡政 50年史』, 전일실업출판국, 1993, 40쪽.

동시에 받아들일 수 있는 지리적 여건 때문이다.

강진의 지명과 연혁이 구체적으로 나타나는 역사기록은 『삼국사기』(1145년) 地理誌 百濟條의 도무군(道武郡)과 동음현(冬音縣)에 관한 것이다. 백제조의 기록은 주(州)・군(郡) 다음에 몇 개의 현을 나열한 백제의 군・현 영속관계를 표시했다. 도무군은 그 속현으로서 동음현 뿐만 아니라 고서이현(古西伊縣, 해남군 마산면), 황술현(黃述縣, 해남군 문내면)까지 포함한 큰 고장이었다. 이것은 백제시대에 도무군을 중심으로 한 해로(海路)가 얼마나 중요했는가를 말해주고 있다. 당시 도무군은 4개의 현, 즉 강진군과 해남군에 위치했던 몇 개 군・현을 다스리는 행정치소로서, 전남지방의 다른 13개 군과 무진주에 속해 있었다. 위치는 현재의 강진읍 북부로 성전, 작천, 병영면 지역이다. 동음현은 도무군의 속현으로서 강진읍 남부로 도암, 칠량, 대구면 지역으로 추정해볼 수 있다.

그리고 통일신라 경덕왕 16년(757)에 행정구역개편으로 도무군은 양무군으로, 동음현은 탐진현으로 각각 이름이 바뀐다. 이 지명 변천에서 탐진이 처음으로 등장하게 된다.

특히 고려시대에 들어서는 해로의 발달로 청자문화가 꽃을 피운다. 강진 대구면 일대와 칠량면 삼흥리 등의 요지는 고려청자의 대규모 산지로 알려져 있다. 이 유적은 규모와 출토된 청자의 성격으로 보아 관요지로 보인다. 이 같은 발전의 배경은 해로와 육지를 연결하는 입지적 여건 때문이다. 또 이 지역에서 통일신라 이래 발전한 불교유적은 고려시대에 와서 더욱 융성하여 강진의 사회・문화적 면에서 미친 영향도 컸으리라 짐작된다. 예컨대 조계종 계통인 성전면 무위사나 13세기에 무신집권의 비호 아래 건립된 수선사 계통의 월남사, 천태종인 도암면 만덕산 백련사 등은 이 지방 토호세력의 지원에 의한 신앙결사(1236년)

이다. 특히 월남사지와 무위사의 유적, 그리고 백련결사[2]는 고려시대 서남해안지역의 불교문화와 정치세력과의 관계를 규명해줄 중요한 자료이다.

조선시대에 이르러서 강진은 해상교통의 발달로 번영기를 맞는다. 『세종실록지리지』와 『동국여지승람』 강진군조를 살펴보면, 태종 17년(1417)에 기존의 분립된 행정편제(도강현, 탐진현)를 청산하고 주현(主縣)으로 있는 도강현과 장흥부에 속해 있던 탐진현을 합하여 하나의 행정체계인 강진현이 되면서 '강진(康津)'이란 지명이 탄생하게 되었다.

또한 이 시기에 중요한 점은 연해를 통한 왜관의 침략이 극심해지자 조정에서는 1417년 광산현에 설치되어 있던 병마도절제사영(兵馬都節制使營)을 도강현(현재의 병영면 성동리)으로 옮겨왔다. 본래 이 병마도절제사의 영(營)은 조선조 500년간 전라도 군사권을 총괄하는 사령부 역할을 수행하였으며 당시에 50여 군·현의 병권(兵權)을 장악하고 있었다. 그 후 세종 11년(1429) 읍 치소를 도강의 송계(현 강진읍 송덕리)로 옮겼다가 성종 6년(1475) 탐진의 옛 치소로 다시 옮겼고, 이 해에 읍성도 축조하였다. 당시의 치소가 현재의 강진군 행정소재지인 강진읍에 자리를 잡게 된 것이다.[3]

강진은 근래 들어서 '남도답사 1번지'로 부상하였다. 강진의 자연과

---

2) 13세기 초 무신혁명에 의해 정권을 장악한 최씨의 무신정권은 그들의 지배 이념을 뒷받침할 사상의 강화 내지는 재정비 작업에 착수하게 되는데, 이에 대한 불교계의 반발 움직임이 이른바 결사운동(結社運動)이다. 고려 후기 불교결사운동을 대표하는 백련사는 수선결사와는 달리 참회와 정토를 강조하면서 일반 민중을 구제 대상으로 하고 있었다. 즉 백련결사운동은 수선결사운동이 무신정권과 결탁하여 정치 세력화한 것에 대해 반발한 순수불교운동이었고, 당시의 정치·사회적인 혼란의 와중에서 민중을 구도하기 위한 민중불교 운동이었다. 따라서 백련사 불교결사운동은 역사적으로나 문화사적으로 매우 큰 의미를 갖고 있다.

3) 문병일, 앞의 책, 52쪽.

문화적 환경은 영랑과 현구의 시에서 드러나는 시적 정감과 무관할 수 없다. 주지하다시피 강진이 남도답사 1번지로 불리고 있는 데는 미술사학자 유홍준의 『나의 문화유산 답사기』(창작과 비평사, 2011)에 힘입은 바 크다. 유홍준의 말[4]처럼 강진은 크기(면적)에 비해 유독 문화유산이 많은 지역이다.

> 해남 · 강진은 남해변, 우리나라 토양이 예부터 생산해 온 꽃에서는 가장 기름기 많고 풍융한 꽃이 우리 국토 중에서는 제일 많이 피는 곳이고, 그 기름덩어리의 알맹이 과실 胡桃나무도 자라는 곳이고, 또 해안에 자라는 나무 넌출들도 이는 바람에 충분히 사람의 神바람을 일으킬 정도로 길게 너울거려 춤을 추고 있는 것들이 보이는 데고, 이 새 울음도 기름기가 번지르르한 데고, 날아다니는 풍뎅이 같은 것도 새파랗게 반 뼘씩은 되는 게 많이 사는 데고, 그렇게 모든 것이 伸展해 살 만큼 따뜻하고, 비옥하고, 物豐한 데다.[5]

> 멀리 서북쪽으로 月出山이 바라다 보이는 多島海를 끼고 康津灣을 거슬러 올라가면 기름진 평야가 도도히 흐르는 탐진강 줄기와 더불어 펼쳐진다.

> 어느 詩人이 하도 많은 多島海 섬이어서 도둑맞을까 걱정한 康津灣 앞 바다의 크고 작은 섬들이 봄날에는 마치 물오리 떼처럼 은빛으로 남실거리는 아지랑이 위에 떠 있는 것을 볼 수 있다. 海洋性 氣候라서 사철 溫暖하고 비가 유달리 많은 것이 이 고장 康津의 특징이다.

---

4) 거기에는 뜻있게 살다간 사람들의 삶을 베어내는 아픔과 그 아픔 속에서 키워낸 진주 같은 유형의 문화유산이 있고, 저항과 항쟁과 유배의 땅에 서려 있는 역사의 체취가 살아 있으며, 이름 없는 도공 이름 없는 농투성이들이 지금도 그렇게 살아가는 꿋꿋함과 애잔함이 동시에 느껴지는 향토의 흙 내음이 있으며 무엇보다도 조국강산의 아름다움을 가장 극명하게 보여주는 산과 바다와 들판이 있기에 나는 주저 없이 '일 번지'라는 제목을 내걸고 있는 것이다.

5) 김용성, 『「모란이 피기까지는」의 작가 해설』, 삼중당, 1975, 120쪽.

연평균 13.5도라니 기온은 좀체 영하로 내려가는 일이 없다고 한다. 그러기에 난대식물들이 무성히 자라고, 대숲 또한 이 고장의 색다른 풍정을 이루고 있는 것을 볼 수 있을 것이다.

어디를 가나 동백나무가 눈에 띄고 어떤 마을에는 거의 울타리 삼아 동백나무로 두루 가리고 있으니, 한 겨울 눈발이 선뜻 지내다가 마지못해 더러 흩뿌리는 속에 빨간 동백꽃이 검푸른 잎 사이에서 겨우내 피는 동안 시나브로 봄은 오는 것이다.[6)]

강진만이 바다는 따스한 요니(女陰)처럼 육지를 파고들어 조붓하고 아늑하였다. 등 푸른 여름산맥들이 그 요니의 바다를 따라서 만의 하구로 치닫고 있었다. 공룡의 앞발을 치켜 올린 듯이 가파르고 사나운 봉우리들은 멀어서 아득하였고, 유순하고 올망졸망한 봉우리들과 헐거운 산허리들은 인간 쪽으로 다가왔다.[7)]

위의 인용문은 필자들의 경험을 통하여 강진이라는 지역공간을 인문지리학적 관점에서 바라본 글들이다. 투안은 공간이론을 설명하면서 '경험'을 강조하고 있다. 경험은 사람들이 실재를 인식하고 구성하는 여러 가지 양식을 포괄하는 용어이다. 이러한 양식들은 후각, 미각, 촉각 등의 직접적이고 수동적인 감각에서 능동적인 시각적 인지, 상징화라는 간접적 양식에 이르기까지 다양하다.[8)]

그가 강조한 '경험'은 실재의 공간인 강진의 아름다운 자연과 그곳의 남국적 이미지들로 상징화되어 김영랑과 김현구의 시 작품에서도 또렷하게 드러나고 있으며, 또한 다양한 문화의 층위로 실존하고 있다.

김영랑과 더불어 본 연구의 한 축을 형성하고 있는 김현구 작품의

---

6) 신석정, 「서문」, 『현구시집』, 문예출판사, 1970, 12쪽.

7) 김 훈, 「도망칠 수 없는 여름」, 『풍경과 상처』, 문학동네, 1994, 62쪽.

8) 이-푸 투안, 앞의 책 23쪽.

주요 창작 공간도 영랑 생가와 불과 100여 미터 떨어진 곳이다. 1930년대 '시문학파' 동인으로서 영랑과 시적 동반자였던 현구는 영랑과 같은 해 태어나서 같은 해에 4일 간격으로 사망(영랑은 1950년 9월 29일, 현구는 그해 10월 3일 타계)했다. 영랑의 시가 귀족적이면서 음악성이 뛰어난 데에 반해, 현구의 시는 서민적이면서 감각성이 탁월하며, 특히 '서문'이나 '남포', '신학산', '낙화정' 등 주로 강진의 지명을 소재로 많은 작품을 남겼다. 이와 함께 2012년 3월 개관한 강진 시문학파기념관의 문학공간도 1930년대 '시문학파'의 핵심 동인으로서 한국시단을 풍요롭게 한 김영랑과 김현구의 문학적 성과에서 비롯된 것이라고 할 수 있다.

> 강진군 도암면 귤동마을 뒷산 다산초당은 그가 제자를 가르치고 저술을 했던 곳이다. 원래는 초가여서 그렇게 이름 붙였다. 그러나 일제 때 붕괴된 후, 50년대 후반 목조기와로 복원됐다. 현판 글씨는 추사체를 모아 판각한 것이다. 바로 옆에 집필실로 썼던 동암(東菴), '18제자' 등 문하생들이 밤새워 토론하던 공간 서암(西庵)이 있다. 초당 서쪽 뒤편에는 그가 직접 바위에 쓴 '丁石(정석)'이 남아 있다. 동암에서 조금 오르면 천일각이 있다. 함께 내려오면서, 흑산도로 유배를 간 둘째형 '약전'을 그리며 격한 마음을 달래던 곳이다. 200년 전 그의 흔적을 다산초당 아래 다산유물전시관에 모아뒀다. 매년 5월 그의 높은 기개와 나라사랑을 기리는 축제 '다산제'가 열리고 있다.
>
> 이곳 출신 영랑 김윤식도 다산 못지않은 팬들이 많다. 읍내 탑동 마을에는 그의 생가가 1985년 복원돼 있다. 국가지정 중요민속자료 제252호다. 이곳에서 주옥같은 '한국 서정시'가 탄생했다. 국문학도나 문학가 지망생들이 날마다 줄지어 찾는다. 매년 4월말~5월초, 그의 생가 앞마당에 모란이 활짝 필 무렵, 영랑문학제가 성대하게 열린다. 그의 시처럼 '5월 어느 날'이면 '모란이 뚝뚝 떨어진다'. 후세들은 영

랑백일장, 시낭송대회, 미술대회 등을 열어 그의 시정을 이어가고 있다. 가을엔 돌담의 빨간 담쟁이넝쿨이 시심을 지피게 한다. '돌담에 속삭이는 햇발같이' 한 구절이 절로 떠오른다.

…〈중략〉…

한국을 서양에 알린 최초의 인물이 네덜란드 출신 헨드릭 하멜이다. 그는 네덜란드 동인도 회 사 소속 상선을 타고 일본 나가사키로 가다 폭풍을 만나 제주도로 들어왔다. 효종 4년(1653)이었다. 그는 14년 동안 억류생활 중 무려 7년간을 강진 병영에서 살았다. 도망가지 못하게 억류됐던 것이다. 병영면 성동리 일대에 자리한 '전라병영성'은 그를 붙잡아놓기에 안성맞춤이었다. 이곳은 조선조 500년간 호남·제주 일대 육군을 호령하던 총 지휘부였다. 동학농민혁명 때 일부가 불타고, 곧 이은 갑오경장 때 새로운 군제가 시행되면서 호남 최대 군사기지가 폐쇄됐다

…〈중략〉…

강진은 고려청자의 고향이다. 청자는 중세 예술을 대표하는 대표적인 문화재다. 고려왕실의 적극적인 후원으로 발전을 거듭하던 청자는 드디어 11세기 말 형태와 문양이 독창적으로 정립됐다. 그중에서도 강진 도요지는 왕실에 필요한 도자기를 굽는 곳이었다. 12세기엔 상감청자 이외에 철화청자, 진사청자 등 다양한 기법의 도자기가 등장하면서 꽃을 피워냈다. 그러나 조선이 들어서면서 백자가 들어서면서 시나브로 청자가 역사에서 사라지기 시작했다. 그러나 강진에는 고려청자 가마터 188곳이 남아 있었다.[9)]

위 인용문은 강진에서 활동한 문화 인물들에 대한 삶과 사상, 그리고

9) 배명재, 「新 택리지- '한국답사 1번지' 남도 제일의 역사 문화의 고을, 강진」, 『경향신문』, 2011. 7. 21.

여정 등 인문지리학적 특성을 종합적으로 살핀 글이다. 투안이 강조하고 있는 '인간이 공간감과 장소감을 형성하는 중요한 토대가 된다.'라는 명제와 맥이 닿는다. 따라서 그는 인간의 생물학적 사실들에서 기인하는 공간과 장소의 경험을 기술하고, 인간이 공간과 장소의 의미를 부여하며, 그것을 조직하는 방식을 이해하고자 한다. 즉, 투안의 공간이론을 수용하면 위의 글은 강진이라는 인문지리학적 공간의 의미에 대해 진지하게 성찰해볼 수 있는 담론이라고 할 수 있을 것이다.

2. 김영랑 · 김현구와 『시문학』

김영랑이 『시문학』을 통해서 시단에 처음 등장했던 것은 널리 알려진 사실이다. 뿐만 아니라 이 『시문학』은 영랑과 용아 박용철과의 교유에서 태동한 것임은 두 사람이 주고받은 서신에서 알 수 있다.

> 梁柱東君의 文藝公論을 平壤서 發刊한다고 말하면 이에 妨害가 될 듯 싶네 그러나 通俗 爲主일게고 敎授 品位를 發揮할 모양인가 보니 길이 다르이 何如間 芝溶 樹州 中 得其一이면 始作하지 劉玄德이 伏龍 鳳추에 得其一이면 天下可定이라더니 나는 芝溶이 가 더 좋으이. 文藝公論과 特別한 關係나 맺지 않었는지 몰르지 서울거름은 해보아야 알지.… (중략) …지명 丹弓(丹을 赤과 같이 볼 사람도 있는가) 丹鳥 · 玄燈(너무 신비적) · 시령 우리말 단어가 좋은 게 있으면 제일 좋겠는데….[10)]

위의 인용문은 용아가 1929년 3월 26일 강진에 있는 김영랑에게 보낸 편지의 일부다. 여기에서 용아는 『시문학』 지의 창간 멤버를 자신과

10) 박용철, 앞의 책, 319쪽.

영랑을 포함한 지용까지 세 사람으로 한정하고 있다. 그리고 '양주동의 文藝公論과는 길이 다르다'는 것은 절충파와 시문학파의 문학적 방향이 다르다는 것을 의미한다. 그리고 '지용・수주 중 득 기일'에서 수주의 순수시관[11] 즉 이데올로기문학에 대한 반성의 의지와 지용의 시와 같은 새로운 시에 대한 욕구가 용아의 심저에서 작용했다는 것을 알 수 있다.

또한 새로운 잡지의 이름을 '丹弓・丹鳥・玄燈'을 생각한 것은 한국의 전통적 순수시관 즉 도교적 자연관이 그의 심저에 자리 잡고 있었음을 말해주며, 이것은 전통지향성과 모더니티 지향성의 변증법적 발전에 의한 새로운 문학의 성취 욕구를 보여준 것이라고 할 수 있을 것이다. '丹을 赤과 같이 볼 사람도 있는가'에서는 용아의 카프파에 대한 염려를 읽어낼 수 있으며, '우리말 단어가 좋은 게 있었으면…'에서는 그의 국어에 대한 자각이 나타난다.

1930년대 초 형성된 '시문학파'는 한국 서정시의 원점에서 조금도 비켜서지 않고 일관되게 시세계를 발전시켜 나갔으며, 향토적인 것들을 의미로 형상화하여 한국 현대시의 세계를 확장시킨 문학유파이다.[12] 따라서 1930년대 시문학파의 시적 무대는 크게 보면 전라도, 작게 보면 강진이라고 할 수 있다.[13] 김 현은 시문학파를 대표하는 영랑・용아・현구 세 시인을 묶은 『韓國現代詩文學大系・7』(지식산업사, 1981)에

---

11) 변영로, 『조선의 마음』, 평문관, 1924.
변영로는 이 시집에서 「봄비」, 「논개」 등의 낭만주의적 순수 서정시를 보여 주었으며, 그 부록에 「상징적으로 살자」(61쪽), 「애욕과 예술욕」(79쪽), 「시인・예술가・철학자여」(106쪽), 「쉘리란 누구인가」(97쪽) 등의 산문을 실어 낭만주의적 순수시관을 피력했다.

12) 오세영, 「왜 시문학파인가?」, 『시문학파기념관 개관기념 학술대회 자료집』, 2012. 6쪽.

13) 김 현, 「찬란한 슬픔의 봄」, 『韓國現代文學大系・7』, 지식산업사, 1994, 167쪽.

서 이들을 '강진시파'라고 처음으로 별칭하고 있다. 그가 정지용 · 신석정 · 이하윤 등 시문학파의 다른 동인들이 있음에도 불구하고 이들 셋만을 묶어 굳이 '강진시파'라고 별칭 한 것은 문학의 지역 분파주의를 조장하기 위함은 아닐 것이다.

그것은 첫째, 이들의 고향이 전라도(엄격히 말하면 전라남도)라는 점이다. 물론 강진이 고향인 영랑 · 현구와는 달리 용아의 고향은 송정리(지금의 광주광역시 광산구)이긴 하지만, 지역적으로 그리 멀지 않은 거리에 있다는 점에서 큰 무리가 없으며, 둘째, 『시문학』 창간을 주도한 용아가 사전에 영랑을 만나기 위해 수시로 강진을 오갔었다는 점, 셋째, 시문학파 동인들 중 이들 셋만이 창간 당시 무명이었으며 끝까지 시문학파로서만 충실했던 점, 넷째로는, 무엇보다 용아가 순수시운동의 이론적 기반을 마련했다면 영랑과 현구가 이를 작품으로서 충실하게 구현시켰다는 점에서 충분히 그 이해가 가능하다.[14]

주지하다시피 1930년대 시문학파의 탄생은 한국 현대시문학사에 순수서정시의 우의를 다시 세운 역사적인 사건이다. 시문학파를 주도한 사람은 당시 아무런 문학적 지명도가 없었던 무명의 영랑과 용아였다. 그러나 실제적인 자금조달 역할은 용아가 했지만 용아를 지도하고 자문하며 모든 문학적 방향을 구상한 사람은 영랑이었다고 할 수 있다. 이 점은 "내가 시문학을 하게 된 것은 영랑 때문이여"[15]라고 말한 용아의 고백에서 단적으로 드러난다.

동향인 영랑과 용아는 동경 유학시절부터 같은 학교에 다니면서 서로 친해졌다.[16] 그러나 영랑은 문학에 뜻을 둔 영문학도였고, 용아는

---

14) 김선태, 『김현구 시 연구』, 국학자료원, 1997, 32쪽.

15) 박용철, 『박용철 전집』 제2권, 현대사, 1982, 6쪽.

16) 영랑과 용아는 1921년 일본 청산학원 중학부에 같이 다녔다.

수학의 천재로 불리던 이공학도였다. 그러한 용아를 영랑이 문학에 뜻을 두도록 집요하게 부추김으로써 용아는 결국 문학에의 길로 들어서게 된다. 이렇듯 용아는 중도에서 문학으로 전향한 만큼 시적 안목이나 창작 등 모든 면에서 영랑의 지도와 자문을 필요했던 것이다. 이런 면에서 영랑은 용아의 문학적 스승인 셈이다.[17]

용아는 또한 처음엔 순수문학보다 프로문학에 경도됐던 것으로 짐작된다. 그래서 1927년 9월 영랑과 함께 금강산을 다녀올 무렵 유점사에서 개잔령을 넘어서 고성 삼일포에 이르는 동안 정치주의의 가부를 가지고 얼굴을 붉히며 싸운 적이 있으며, 그 때 세계를 풍미하던 사조에 벗도 사로잡혔었다고 술회한 바 있다. 그 때 풍미하던 '사조'란 당시 유행하던 정치주의적 프로문학임을 쉽게 짐작할 수 있다. 이러한 생각을 가지고 시골에 틀어박혔던 용아가 영랑의 표현을 빌면 '훌륭한 시인'[18]으로 변신한다. 영랑의 이 '훌륭한'이라는 표현은 용아가 순수시에 대한 이해와 확신이 깊어졌음을 의미한다고 볼 수 있다. 이러한 용아의 변화는 당연히 영랑의 자극에 힘입은 바 크다고 할 수 있으며, 1928년 1월 말부터 새롭게 시작한 문학공부의 결과라고 볼 수 있다. 그가 새롭게 시작한 공부란 영랑의 지도와 자문을 받으며 시 창작에 몰두하는 것과 어학실력을 향상시켜 외국시를 감상하고 변역하는 일이었다. 그래서 용아는 영랑에게 다음과 같은 고백을 하기에 이른다.

> 지난 번 時調의 評과 修正도 자네 意見을 따르네. 再現說과 情緖를 폭 삭후라는 것 도 알어드렀네. 나는 이즘 와서야 그것들을 차츰 깨달아가네. 좀 늦지만 어쩔 수 없지. 느끼는 것이 없이 생각해 理解할랴니까. 그 前에는 詩(뿐만 아니라 아무 글이나) 짓는 奇巧(골씨)만

---

17) 김선태, 앞의 책, 78쪽.

18) 위의 책, 78쪽.

있으면 거저 지을 셈 잡었단 말이야. 그것을 이새 와서야 속이 덩어리가 있어야 나오는 것을 깨달았으니 내 깜냥에 큰 發見이나 한 듯 可笑[19]

이는 영랑이 당시 민족문학파인 절충파의 소박한 문학관을 견지하고 있던 용아에게 낭만주의적 순수시에 대해 자문을 했던 것을 용아가 새로운 공부를 통해 이를 뒤늦게 깨닫고, 그 깨달은 바를 주저 없이 영랑에게 털어놓은 편지 내용이다. 여기에서 보면, '생각'과 '기교'는 절충파의 내용과 형식 논쟁을 의미하는 것이며, '정서를 폭 삭후라는 것'과 '속에 덩어리가 있어야 나오는 것'은 낭만주의적 순수시론의 핵심내용이라 할 수 있다. 이렇듯 용아는 지금까지 견지했던 자신의 문학관을 반성하고 나서야 영랑과의 의견 조율이 가능해지고, 영랑은 그때서야 비로소 용아에게 동인회 구성 및 동인지 발간계획을 제의한 것으로 보인다. 따라서 시문학파의 모든 문학적 방향은 이미 오래 전부터 영랑의 머릿속에서 정해져 있었다고 보아도 무방할 것이다.[20]

雜誌의 일은 수얼스럽게 되는 듯도 하였으나 詩文學이라는 命名을 하였을 뿐 二 十七日을 第一次 期日로 定해 보았으나 實行할 아모 재조도 없었다. 그동안에 芝溶에 게서 金素雲을 알게 되였다 日本內地서 공들인 朝鮮民謠集을 낸 사람으로 마음 속에 熱을 가지고 이 길에 精進하는 사람으로 뵈였다 우리 일에 協力을 約束하였다[21]

위의 인용문은 동인지 발간이 그들의 의욕만으로 쉽게 이루어지지는 않음을 보여주는 1929년 12월 23일 용아 일기의 일부다. 여기에는 동인

19) 박용철, 앞의 책, 326쪽.
20) 김선태, 앞의 책, 79쪽.
21) 박용철, 앞의 책, 372쪽.

지 발간의 필수 요건의 하나인 동인 구성의 어려움이 그대로 드러나 있다. 경비는 용아의 사재로 충당된 듯 보이나 동인 구성에 애로사항이 많은 것은 이들이 지명도가 없는 무명 문학도였다는 점에 기인한다. 그러나 이들은 용케 '정인보·변영로·정지용·이하윤' 등 4명의 동의를 얻어 동인 구성의 난관을 해결한다. 무명의 영랑과 용아가 대부분 당시 시단을 주름잡던 이들의 동의를 얻어낼 수 있었던 데에는 사전에 상호 면식이 있었던 점이 크게 작용했으리라 짐작된다. 이는 영랑이 휘문의숙 재학 시 하급반에 정지용이 있었으며, 용아가 동경에서 돌아와 연희전문을 다닐 때 변영로와의 인연과 정인보로부터 시조를 배웠던 점 등을 생각하면 쉽게 유추 가능한 것이다.

그리고 정지용이 김소운을 천거한 것은 앞의 인용문에서도 알 수 있듯이 『朝鮮民謠集』을 낸 바 있는 사람으로서 전통성과 음악성을 중요시한 그들의 문학적 방향에 부합되는 인물이었기 때문이라고 볼 수 있으나 무슨 연유인지는 몰라도 종국엔 그가 제외되었음을 알 수 있다. 이렇게 하여 시문학파의 창립멤버는 총 6명으로 출발한다. 영랑과 용아는 주동 멤버이고, 지용과 수주는 전술한 바와 같이 애초부터 포섭 대상이었다.

다음은 정인보와 이하윤의 영입 배경이다. "위당 정인보 선생과 수주 변영로 선배를 『시문학』의 동인으로 추대한 것은 그가 연희에 있었을 때 맺어진 인연이 깊었던 소이로 짐작된다."[22]고 이하윤은 밝히고 있으며, 영랑도 "용아의 문학은 시조로 시작되었다 함이 정당할 것이다. 위당의 영향으로 인하여서도 벗은 시조와 시를 한 시대에 같이 하여 왔었는데…"[23]라고 정인보와의 인연을 밝히고 있다. 그러나 정인보를 동인

22) 이하윤, 「박용철의 면모」, 『현대문학』, 1962. 12, 231쪽.
23) 김영랑, 「인간 박용철」, 『조광』 제5권 12호, 조광사, 1939, 318쪽.

으로 추대한 것은 시조의 창작 외에 다른 뜻도 있는 듯싶다. 오히려 정인보가 한학자이며 민족주의자였다는 데에 더 큰 의미가 있었을 것으로 보인다.

그리고 이하윤에게서는 해외 시 번역과 창작 시, 그리고 편집 실무 등을 기대했던 것 같다. 이에 대해 김용직은 "이하윤의 등장 이면에는 세밀한 계산이 작용한 듯 보인다."[24]고 밝히고 있다. 이렇게 하여 1930년 3월 5일 『시문학』 창간호가 나오게 된다. 창간호 목차는 다음과 같다.

동백닙에 빗나는 마음(詩十三篇) …………………… 김윤식
이른 봄 아츰(詩四篇) …………………………………… 정지용
물레방아(詩二篇) ………………………………………… 이하윤
떠나가는 배(詩五篇) …………………………………… 박용철
〈外國詩集〉
폴・포-르(佛) 二題詩 ………………………………… 이하윤
핵토-르의 이별(獨 실레르) ………………………… 용 아
미논의 노래(獨 괴테) ………………………………… 용 아
편집후기
투고규정

『시문학』 창간호에는 총 24편의 순수 창작 시가 발표됐다. 이 가운데 김영랑이 13편을 발표하여 54%의 가장 높은 지면 점유율을 보이고 있고, 박용철 5편(20%), 정지용 4편(16%), 이하윤 2편(8%) 순이다. 이 같은 비율로 보아 『시문학』 지의 창간은 결과적으로 강진의 영랑을 위한

24) 김용직, 「시문학파 연구」, 『현대시인 연구』, 일지사, 1982, 205쪽.

것이 된 셈이다. 창간호는 모두 5인의 동인으로 시작된다. 그러나 박용철이 「시문학 창간에 대하야」(『조선일보』 1930. 3. 2)에서 밝힌 내용을 보면, 이상의 5인 외에 수주 변영로까지 합해서 6인의 동인으로 구성되었음을 알 수 있다. 수주가 빠진 이유에 대해서는 "여러 가지 어긋짐으로 樹州의 詩를 못시름은 遺憾이나 次號를 기약한다."고 『시문학』 창간호 후기에서 밝히고 있다.

『시문학』 2호는 예정대로 두 달 뒤인 1930년 5월에 나오게 되는데, '창작 시'란을 보면, 변영로의 시 1편과 김현구의 시 4편이 새로 소개된다. 여기서부터 무명의 김현구가 기존 6명의 멤버 외에 처음 새로운 동인으로 가담하게 됨으로써 시문학파의 구성원은 총 7명이 된다.

> 詩文學에 대한 期待가 컷슴인지 原稿를 보내주신 분은 意外로 만히 게셧습니다. 그러나 그 多數가 詩라는 形式은 가장 짧아서 가장 쓰기 쉬운 것이니 써본다는 態度에 갓가운 것은 서운한 일이엇습니다. 참으로 優秀한 作品을 만히 보내여 誌上에 실른 光榮을 주시기를 衷心으로 바람니다. 이번에 玄鳩氏의 作品을 처음 실게 된 것은 대단 한 깃븜으로 녁입니다.[25)]

위의 인용문은 투고한 원고에 대한 단평과 현구 작품의 천거를 알리는 『시문학』 2호의 편집 후기이다. 현구의 동인 가담 경위에 대해서는 편집 후기에 나타난 '이번에 玄鳩氏의 作品을 처음 실게 된 것은 대단한 깃븜으로 녁입니다' 부분 외에 다른 기록을 찾아볼 수 없다. 물론 용아는 처음부터 동인들의 가담 경위를 거의 기록으로 밝히지 않았다. 이 점은 나중에 가담하게 되는 신석정과 허보의 경우도 마찬가지다. 다만 위의 후기로 미루어 볼 때 그의 작품성이 좋고, 시문학파의 문학적

---

25) 「시문학 편집후기」, 『시문학』 2호, 시문학사, 1930, 47쪽.

방향을 충족시키는데 손색이 없다고 인정하여 동인으로 발탁한 것으로 짐작될 뿐이다. 이 점에 대해서는 다음의 인용문들을 살펴보면 그 이해가 충분히 가능하다.

> ① 임의 一家의 品格을 이루어가지고도 또 이루엇슴으로 作品의 發表를 꺼리는 詩人이 어덴지 여러분이 잇슬 듯 십다. 우리의 同人 가운데도 자기의 詩를 처음 印刷에 부치는 二三人이 잇다. 우리는 모든 謙虛를 準備하야 새로운 同人들을 마지하러 한다.[26]

> ② 原稿 採擇에 대하야 自動計算器와 가튼 公平을 期할 수 업는 以上 수업시 編輯同人의 눈이라는 조그마한 문턱을 넘게 됩니다. 우리 同人들의 意向까지는 될 수 있는 대로 偏僻된 個人의 趣味에 기우러지지 안으려 힘쓰나 그것은 차차로 編輯의 實際에서 證明하겟습니다.[27]

> ③ 우리의 誌面은 公開되어 編輯同人 會議에서 推薦되는 作品을 發表한다. 그러나 作 品의 이름을 보기 前에 作品을 몬저 읽는 것이 우리의 慣習이다.[28]

①은 기존의 동인 이외에 앞으로 새로운 동인을 겸허히 맞아들이려는 의도가 나타나 있으며, ②와 ③에는 『시문학』誌에서 원고를 채택하거나 발표하는 기준이 잘 드러나 있다. ①에서 '자기의 詩를 처음 印刷에 부치는 二三人'은 무명의 영랑과 용아를 지칭하는 것으로 보인다. 그래서 그들이 원하는 새로운 동인이란 비록 아직 무명일지라도 '임의 一家의 品格을 이루'었거나, 바로 그랬기 때문에 '作品의 發表를 꺼리는

---

26) 『시문학』 창간호 후기, 시문학사, 1930. 3. 39쪽.

27) 『시문학』 1-3호 寄稿規定에서 발췌.

28) 박용철, 「詩文學 創刊에 對하야」, 『박용철 전집』 2권, 1935, 143쪽.

詩人'이다. 따라서 현구는 이러한 동인의 기준에 합당한 시인이었음을 알 수 있다. 또한 ②와 ③은 그들이 동인 창작품이나 새로 투고된 작품을 『시문학』에 게재함에 있어 얼마나 신중을 기하느냐를 분명하게 제시하고 있다. 특히 '수업시 同人의 눈'을 거치거나, 공개된 '編輯同人 會議에서 推薦되는 作品'만을 발표함으로써 작품의 수준이나 예술성면에서 매우 엄격한 심사과정을 두고 있음을 짐작할 수 있다. 현구가 이러한 과정을 거쳐 발탁되었을 것이라는 점에서 일단 그의 시적 자질이 우수하다는 점을 인정할 수 있다.

그래서 우윤식은 그의 학위논문에서 현구의 작품적 수준으로 보아 그에게서도 영랑과 같은 새로운 창작시를 기대한 것으로 보여지므로 "현구는 순전히 투고에 의해 발탁되었다고 할 수 있다"[29]고 말한 바 있다. 그러나 이러한 견해는 미진함과 막연한 느낌을 배제할 수 없다. 왜냐하면 동향인으로서 영랑과 현구는 이미 오래 전부터 강진에서 동인 활동[30] 등 상호 문학적 교감이 많았기 때문에 영랑이 현구의 문학적 역량을 익히 보아 알고 있을 터이며, 현구 또한 『시문학』이 창간되기 이전부터 편집 방향 등을 영랑을 통해 알고 있었을 것이기 때문이다. 더욱이 편집 주간을 맡은 용아가 『시문학』이 창간되기 이전부터 영랑을 만나기 위해 수시로 강진을 오갔음을 감안할 때, 이미 이 세 사람은 서로를 잘 알고 있었을 것이라는 추측이 가능하다.

처음부터 현구를 창간 멤버로 끌어들이지는 못하다가 신중하게 그의 시를 검토해 보고 편집 동인 간에 의견이 일치되어 2호부터 가담하게 되었을 것[31]이라는 견해가 설득력을 갖는다. 아무튼 현구에 대한 원고

29) 우윤식, 「시문학파 연구」, 한양대 박사논문, 1988.

30) 1919년 3·1운동이 지난 뒤 영랑과 현구, 차부진 등 몇 사람이 모여 『靑丘』라는 동인 집을 간행했음.(허형만, 『영랑 김윤식 연구』, 국학자료원, 1996, 287쪽 재인용.)

청탁은 영랑을 통했으며, 편집 주간으로서의 용아가 현구의 작품에 대해 갖는 신뢰감은 매우 컸던 것으로 짐작된다. 이 점은 영랑에게 보낸 용아의 편지에서도 충분히 드러난다.

> 玄鳩兄 어떻게 지나시는가 佳作이 많이 밀렸을 듯싶네 나 같은 말라붙은 腦와 달라…〈중략〉…三號를 얽을 셈을 잡으니 두루 빠지네 자네 四行을 두었 더 보내게 다른 것과 바꾸더라도 玄鳩兄은 黃昏의 感覺에 '풀 우에 누어'를 配하고 四行이란 이름 없이 四行 一二를 加하면 더 어울리지 않을까 會心의 新作이 있으면 勸해서 보내주게 Page를 느려도 좋으니[32]

그러나 『시문학』의 발간은 순조롭게 이루어지지 못한다. 3호가 1년 반이나 늦은 1931년 10월 10일에야 나왔으며, 당초의 격월간을 계간으로 변경하기에 이른다. 3호가 늦어진 사유는 "同人들의 사정"이라고 막연하게 밝히고 있지만, '창작 시' 란을 가지고 동인들 간의 갈등이 있었으며, 특히 정지용과의 마찰이 컸던 것으로 보인다. 이 점은 용아가 영랑에게 보낸 편지에서 "詩文學이 탈났네, 芝溶은 詩가 못나오네. 어떻든 三號는 쉽게 내버리고, 明年부터는 陣容을 달리하지"[33]라고 말한 것과, 영랑도 "하기야 누구보다 갓차운 芝溶兄과도 詩文學 三號 編輯을 싸돌고 內心 衝突이 있긴 했다"[34]고 밝힌 데서도 알 수 있다.

이렇게 『詩文學』 3호의 편집 때문에 어려움을 겪을 무렵 신석정과 허보가 새로운 동인으로 가담하게 된다. 현구와 마찬가지로 이들에게서도 새로운 창작시를 기대했던 것 같다. 그러나 영랑과 용아의 이러한

31) 김선태, 앞의 책, 84쪽.
32) 박용철, 「영랑에게의 便紙」, 『박용철 전집』 2권, 1939, 347쪽.
33) 위의 책, 347쪽.
34) 김영랑, 앞의 책, 319쪽.

일련의 노력은 『詩文學』 후기에서 밝힌 년 4회의 발간 약속이 지켜지지 못함으로써 중단되고 만다. 박용철 주재로 간행한 『시문학』은 통권 3호로서 종간되었지만, 한국시사에서 하나의 전환점을 이룬 순수시지(詩誌)임은 말할 것도 없다.[35] 이에 대해서 영랑은 당시를 회고하여 쓴 「인간 박용철」에서 다음과 같이 말하고 있다.

> 『시문학』은 나온 뒤 어느 한 분의 비평문도 얻어 본 일이 없는 것도 기이하였지마는 그러한 순수시지(詩誌)가 그만한 내용과 체제를 가지고 나왔던 것도 당시 시단 (詩壇)의 경의가 아닐 수 없다. 다만 세평(世評)대로 너무 고답적인 편집 방침이 시지(詩誌)의 수명을 짧게 한 것은 유감이랄 밖에 없다. 뒤이어 『文藝月刊』·『文學』 등에서 용아는 명편집인(名編輯人)이었고 특히 『文學』은 벗의 특이한 편집 취미가 가장 잘 나타나 있다 할 수 있다.

위의 인용에서 영랑의 고답파적 기질이 암시되고 있듯이 박용철과 해외문학파들의 합작으로 이룩한 『문예월간』은 영랑에게도 조잡스럽고 속되게만 보였던 것이다.

> 벗의 異兄과 『문예월간』을 시작하여 그 첫 호가 나왔을 제 나는 벗을 어찌나 공격하였던고, 2, 3호 이렇게 나올 때마다 실로 내 공격 때문에 벗은 딱한 듯하였었다. 순정과 양심으로 시작한 『시문학』 바로 뒤에 영합(迎合)해 보이는 편집 방침은 세상을 모르는 내가 벗을 공격하였음도 지당한 일이었다. 그 다음에 나온 『문학』은 그래도 깨끗하고 당차지 않았던가. 지금 생각해 보아도 『문예월간』은 문예지로서 삼류 이하의 편집밖에 더 될 게 없다. 벗이 시조를 쓰시던 버릇과 『문예월간』을 하던 것을 나는 참으로 좋이 여기지 않았었다.

---

35) 김학동, 『김영랑』, 문학세계사, 1993, 239쪽.

이와 같이 영랑은 박용철이 편집 간행한 세 문예지 중 『시문학』과 『문학』 통권 3호에 이르기까지 계속 많은 작품을 발표한 데 반해, 『문예월간』에는 통권 4호에 이르는 동안 단 한 편의 작품도 발표하지 않았던 경위를 파악 가능하다.[36] 『시문학』은 원래 박용철과 영랑이 함께 기획 간행한 것이지만, 『문예월간』에는 영랑이 전혀 참여하지 않고 있다가 『문학』 지에 다시 그의 작품을 발표하고 있는 사실은 이들 서로의 교우 관계를 말해주고 있다.

『문학』 창간호는 『문예월간』 지에 예고한 『시문학』 4호의 원고를 바탕으로 편집 간행한 것이다. 이것은 『시문학』 4호의 예고된 목차 내용과 일부 중복되어 있는 것으로 미루어 보아 알 수 있다. 한 마디로 영랑과 『시문학』 및 『문학』 지와는 불가분의 관계로 두 문예지에 발표된 영랑의 작품들은 그의 초기 시에 해당하고 있다. 뿐만 아니라 1935년 박용철에 의해서 편집된 『영랑시집』은 이들 중심으로 하여 엮어진 것이다. 그 후 영랑은 특정 문예지에 관여한 흔적이 전혀 없고, 다만 당시의 몇몇 잡지에 발표된 작품들을 찾아볼 수 있을 뿐이다.

3. 강진 소재의 문학작품 원형

가. 김영랑 시의 공간성

강진은 영랑 김윤식의 고향이다. 강진지역이 갖는 장소성은 일개 개인적 차원을 넘어 넓은 의미의 공간적 개념으로 해석이 가능할 것이다. 강진은 한국 근대사의 주요한 변화가 단적으로 이루어졌던 공간이며,

---

36) 위의 책, 240쪽.

이러한 역사적이고 사회적인 의미는 김영랑 시의 근원에 내재되어 있는 상실감을 형성하는 요인으로 작용하였다. 그러한 역사적인 변화와 그로 인한 상실감의 구체적인 원인은 일본 강점기에서 찾아볼 수 있을 것이다.[37]

영랑 김윤식은 전남 강진군 남성리 221번지(일명 탑골)에서 1903년 1월 16일출생했다. 영랑은 1930년대 한국 현대시사의 분수령을 이루었던 『시문학』 지 창간에 큰 역할을 담당했으며, 1948년 9월 서울로 이주하기까지 무려 46년간을 고향에서 시를 썼다. 김영랑은 생애 총 86편의 시를 남겼다. 해방 이후 창작된 후기 시 몇 편을 제외하고는 거의 모든 작품이 강진이라는 공간에서 탄생했다. 다시 말해서 강진 탑골은 영랑의 시를 낳은 태자리이자 문학공간이며, 현대시문학의 현장이기도 하다. 그러므로 향토성이 짙은 그의 시는 향리 강진의 아름다운 자연 경관과 생가의 주변풍물과 깊은 연관이 있다고 할 수 있다. 따라서 영랑 시의 탄생지(생가)를 찾는 일은 그의 시 공간을 만나는 길과 통한다.[38]

강진이라는 공간에 김영랑의 시 작품이 얼마나 형상화되어 있는지 구체적인 예시를 들어 살펴보는 작업이 필요하다. 공간은 인간의 사상과 경험을 주체적으로 표현한다. 김영랑의 시에서 중심을 이루는 공간은 그가 평생을 보냈던 강진이다. 특히 김영랑이 일본 강점기를 직접 목격했다는 사실은 그의 작품세계를 이해하는데 중요한 단서를 제공할 것이다. 그는 '서정시인'으로 불릴 정도로 슬픔과 회한 그리고 그리움의 정조를 작품 전면에 내세우고 있는데, 이는 강진이 지니고 있는 사회·문화적 공간의 특성과 쉽게 연결 지을 수 있을 것이다. 또한 개인사적

37) 김선기, 「김영랑의 삶과 작품에 나타난 앙가주망성 연구」, 『어문논총』 21, 전남대 한국어문학연구소, 2010. 5쪽.

38) 김선태, 앞의 책, 98쪽.

으로 첫 부인(김은초)을 먼저 떠나보낸 것도 이러한 정조를 형성하는데 영향을 주었을 것으로 짐작된다.

쓸쓸한 뫼앞에서 후젓이 앉으면
마음은 갈앉은 양금줄 같이
무덤의 잔디에 얼굴을 부비면
넉시는 향맑은 구슬손 같이
산ㅅ골로 가노라 산ㅅ골로 가노라
무덤이 그리워 산ㅅ골로 가노라

〈「쓸쓸한 뫼 앞에」 전문〉

영랑의 시적 정조가 잘 드러나는 「쓸쓸한 뫼 앞에」이다. 투안은 자신의 주저 『공간과 장소』에서 '경험은 감정과 사유로 구성 된다'[39]고 역설했다. 그에 따르면 인간의 감정은 개별적인 감각의 연속이 아니라, 오히려 기억과 기대는 변화하는 경험의 흐름에 감각적인 영향을 준다는 것이다. 그래서 우리는 사유의 삶을 말하듯이 감정의 삶을 말할 수 있다. 투안의 설명대로 「쓸쓸한 뫼 앞에」는 경험에서 비롯된, 즉 화자가 서 있는 현재의 위치와 '산골'이라는 공간이 중첩되어 나타난다는 특징을 가진다.

영랑은 조혼풍습으로 14세였던 1916년 두 살 많은 강진읍 도원리 출신의 김은초와 혼인했으나 슬하에 자식이 없이 1년 반 만에 부인과 사별하게 된다. 당시 영랑의 애틋한 심정이 「쓸쓸한 뫼 앞에」에 그대로 드러나 있다.

이 시의 작품공간은 영랑의 첫 부인 김은초의 묘소다. 쓸쓸한 무덤

---

39) 이-푸 투안, 앞의 책, 26쪽.

앞에 호젓이 앉아 옛 생각에 잠기면 마음은 가라앉은 양금 줄처럼 맑은 소리를 내는 듯하고, 무덤의 잔디에 얼굴을 기대면 영혼은 맑은 향기를 풍기는 섬섬옥수처럼 그렇게 깨끗한 모습으로 피어나는 것 같다. 따라서 그 무덤은 화자의 마음과 넋을 맑고 깨끗하게 유지시켜주는 공간이다.

그런데 그 무덤은 고향에 있지 않고 산골이라는 공간에 있다. 화자는 무덤이 그리워 산골로 간다는 말을 몇 번이나 반복한다. 그렇게 산골로 간다는 말을 반복적으로 한 것은, 이승에서 아내가 있는 저승을 넘을 수 없는 화자의 안타까움이 절실하게 살아난다. 사실 강진 영랑의 집과 아내가 묻혀있는 해남 계곡면 신평리는 강진과 해남의 경계지점으로서 불과 15km 정도밖에 되지 않는다. 하지만 영랑은 자신의 아내가 묻혀있는 해남의 묘소를 산골이라는 공간으로 지칭하고 있다. 여기서의 산골은 자연의 공간이다. 산골은 영랑이 추구하는 내면의 순결성을 보장해 주는 공간이기에, 마음과 넋을 맑고 깨끗하게 유지시켜 주는 무덤도 산골에 있을 수밖에 없다.

영랑 시의 요람이라고 할 수 있는 강진의 생가에는 모두 6기의 시비가 세워져 있다. 이 시들의 창작공간은 하나같이 생가의 울타리 안이라는 점에서 공통분모를 가진다.

> 내 마음의 어딘 듯 한편에 끝없는 강물이 흐르네
> 도처오르는 아침날빛이 빤질한 은결을 도도네
> 가슴엔 듯 눈엔 듯 또 핏줄엔듯
> 마음이 도른도른 숨어있는 곳
> 내 마음의 어딘 듯 한편에 끝없는 강물이 흐르네
>
> 〈「동백닙에 빛나는 마음」 전문〉

영랑은 1930년 3월 『시문학』 창간호 첫 페이지에 위의 시 「동백닙에 빗나는 마음」외 12편을 발표하였다. 그러므로 이 시는 한국 현대시의 신기원을 이룬 시문학파와 김영랑이란 시인의 탄생을 알린 최초의 작품이다. 이 시의 문학공간은 영랑 생가의 안채와 사랑채 사이에 식재된 수령 300여년 된 동백나무다.

특히 이 시는 1935년 용아 박용철에 의해 〈시문학사〉에서 발간한 『영랑 시집』 첫 페이지를 장식했으며, 1939년 『현대 서정시선』에 재수록되었고, 같은 해 출간한 『현대 조선문학 전집』에는 「동백잎」이란 제목으로 바뀌 게재되었다.

시의 첫 제목으로 유추한다면, 화자는 원래 '마음'을 동백 잎에 의탁했음을 알 수 있다. 아침 햇살에 빤질빤질 빛나는 파란 동백 잎을 보면서 행복감이 넘쳐나는 자신의 마음을 그 동백 잎과 동일시하였으니, '동백 잎에 빛나는 마음'은 '동백 잎에서 빛나는 마음', '동백 잎 같이 빛나는 마음', '빛나는 동백 잎=빛나는 마음'을 거치는 과정에서 구태여 '마음'이 '동백 잎'의 도움을 받지 않아도 자립할 수 있어 '동백 잎'은 사라진다.

이 시의 표면적인 공간은 동백나무지만, 내면에 흐르는 '마음'은 '가슴엔듯 눈엔듯 핏줄엔듯'한 데에 '숨어잇'고, '내마음의 어딘듯 한편에 끗없는 강물이 흐르'고 있다. 그러므로 그 강물의 공간은 '마음'을 운반하는 도구라고 할 수 있다. 강물 속의 '마음'은 때마침 날빛(햇빛, 날이 저문다=해가 저문다)이 비치자 동백 잎 마냥 빤질빤질하게 은결(은빛 물결)을 돋운다. 또한 화자는 '가슴엔 듯', '눈엔 듯', '피ㅅ줄엔 듯', '어딘 듯'그 소재를 알 수는 없지만 그것이 현재 시제의 서술어미 '흐르네', '도도네', '흐르네'로 반복되면서 지속적인 의미를 형성한다.[40]

그러면 마음의 한편에서 이 마음을 싣고 흐르는 강물은 어디로 흘러

가는가. 햇빛에 반사되어 아름답게 빛나는 마음은 가슴에서 가슴으로, 눈에서 눈으로, 핏줄에서 핏줄로, 온몸에서 온몸으로 흐른다. 그래서 나의 마음은 남의 마음으로 흘러들어 나와 남은 하나가 된다. 이것이 사랑의 공간이다. 그 사랑을 실은 강물은 끝없이 영원히 흐른다. 이 영원히 흐르는 사랑, 이것이 이 시의 주제 공간이다.

돌담에 소색이는 햇발가치
풀 아래 우슴 짓는 샘물가치
내 마음 고요히 고운봄 길우에
오날 하로 하날을 우러르고 십다.

새악시 볼에 떠오는 붓그럼가치
詩의 가슴을 살프시 젓는 물결가치
보드레한 에메랄드 얄게 흐르는
실비단 하날을 바라보고 십다.

〈「돌담에 속삭이는 햇발」 전문〉

위의 시 「돌담에 속삭이는 햇발」의 시적 배경은 영랑 생가 초입의 돌담이다. 흔히 '돌담'하면 고향이 연상된다. 투안은 "고향은 인간이 인식하는 최초의 공간이다. 인간은 고향에서 자아를 인식하고, 사회를 인식하며, 조국을 인식한다. 그러므로 인간에게 있어서 고향은 세계의 중심이고, 공간에 대한 모든 인식은 고향을 바탕으로 이루어진다.[41]" 강조했다.

고향에서 태어난 아이는 가족과 이웃의 보호를 받으며 공동체 정서

---

40) 임환모, 『한국 현대시의 형상성과 풍경의 깊이』, 전남대출판부, 2007, 50쪽.
41) 이-푸 투안, 앞의 책, 239쪽.

속에서 자라고, 그들과의 관계를 맺으며 가치관을 형성한다. 또한 고향에서 형성된 가치관은 아이가 성장하면서 만나게 되는 다른 공간의 사람과 가치관을 평가하는 기준으로 작용한다. 새로 이사한 동네에서 우리가 발견하는 것은, 낯선 풍경 그 자체가 아니다. 고향에는 있었는데 여기에는 없는 것들, 혹은 고향에는 없었지만 여기에는 있는 것들에 대한 발견, 즉 고향과의 차이점에 대한 인식이다.

그러나 이것은 일반론에 지나지 않는다. 현대의 시 작품에 이러한 고향의 전통적인 개념을 그대로 적용시키기는 어렵다. 루카치(Georg Lukacs)가 이미 언급했던 것처럼, 현대의 사회는 '선험적 고향 상실성(transzendentale Obdachlosigkeit)'[42]을 가지고 있고, 이는 현대를 대표하는 문학양식인 시와 소설에도 그대로 적용되기 때문이다. 현대인들에게 있어서 전통적 의미를 가진 고향은 더 이상 존재하지 않는다. 물론 태어난 곳과 자란 곳이야 엄연히 존재하지만, 그곳들은 단순한 장소 이상의 의미를 가지지 못한다. 산업화가 진행된 이후로 고향은, 전통적인 고향이 가지고 있던 기능을 많은 부분 상실했다.

하지만 김영랑의 시 「돌담에 속삭이는 햇발」은 고향에서만 느낄 수 있는, 고향의 정서가 고스란히 묻어나는 정감의 공간이다. 때문에 이 작품은 검인정 중학 1년 국어교과서 23종 가운데 12종에 실린 김소월의 「엄마야 누나야」에 이어 다음으로 많은 9종에 실려 있다. 그만큼 널리 애송되고 있는 국민시라는 것이다.

이 시는 흔히 투박한 일상어를 섬세하고 미묘하게 갈고 닦아 음악적인 언어로 옮겨 시어의 미적효과를 극대화하고, 삶의 희로애락의 격렬한 감정을 티 하나 없이 씻고 걸러 이른바 순수서정의 경지로 승화시켰

---

42) Georg Lukacs, 반성왕 옮김, 『루카치 소설의 이론』, 심설당, 1985, 40쪽.

다는 찬사를 받고 있다.[43]

「돌담에 속삭이는 햇발」의 시어들은 '감당하지 못할 애틋함과 친밀감'으로 감성의 공간을 제공하고 있다. 예를 들어 '속삭이다'에서 'ㄱ'을 탈락시켜 '투박한 일상어를 섬세하고 미묘하게 갈고 닦은' 유포니(듣기 좋은 소리)로 이해시키는 것이 그것[44]이다.

음운 상 '소색이다'에 가장 가까운 어휘는 '쏘삭이다'이다. '쏘삭이다/ 쏘삭거리다 〈쑤석이다/ 쑤석거리다'는 '은근히 충동을 주어 마음이 달싹이게/ 덜썩이게 하다'로 풀이된다. 때로 '충동질'이라는 나쁜 뉘앙스를 떠올릴 수 있지만 꼭 그렇지만은 않다. 이는 진실을 일깨워주는 속삭임일 수 있기 때문이다. 이에 반하여 '속삭이다'는 '귀엣말로 가만가만 말하다 가만가만 정답게 말하다'의 뜻을 가져 때로 누구를 따돌리는 느낌도 있지만 보통 좋은 이미지로 받아들여진다.

영랑 시에 '소색이다'라는 시어는 「문허진 성터에」, 「푸른 향물 흘러버린」, 「집」 등에도 쓰이면서 시적 공간을 '정감의 공간'으로 연출하고 있다.

마당앞
맑은 새암을 드려다본다

저 깁흔 땅밑에
사로잡힌 넉 잇어
언제나 먼 하날만
내여다보고 계심 가터

---

43) 김선기, 『김영랑과 시문학파』 가이드북, 시문학파기념관 학예연구실, 2011, 7쪽.
44) 허형만, 『영랑 김윤식 연구』, 국학자료원, 1996, 125쪽.

별이 총총한
맑은 새암을 드려다본다

저 깁흔 땅속에
편히누은 넉 잇어
이밤 그눈 반작이고
그의 것몸 부르심 가터

마당앞
맑은 새암은 내령혼의 얼골

〈「마당 앞 맑은 새암을」 전문〉

위의 시 「마당 앞 맑은 새암을」은 영랑이 자신의 집에 있는 샘의 공간을 작품으로 승화한 것이다. 이 시의 문학공간은 그리스 신화 프시케 이야기와 플라톤의 『향연』과의 연결이 가능하다. 『향연』에 따르면, 본래 인간은 행복하고 완전한 자족적인 양성인이었다는 것이다. 네 개의 팔과 네 개의 다리, 두 개의 머리, 두 개의 생식기를 가졌던 인간들이 자만에 빠져 신에게 도전하여 결국 제우스가 인간을 둘로 갈라놓았다고 한다. 때문에 인간은 둘로 나뉘기 전의 오롯한 행복을 얻기 위해 자신의 반쪽을 찾아 떠돌아다니는 운명이 됐다는 것이다. 그러기에 남자와 여자는 사랑을 찾아 결합한다. 그러므로 서로는 짝이 아니라 쪽이다. 즉, 이 작품은 '새암'이라는 반사의 공간을 통하여 잃어버린 자신의 한쪽을 찾는 신화적 요소가 강하게 내포되어 있다.

우물의 물에 박힌 총총한 별은 모두 영혼의 눈이 된다. 흔히 샘('우물'의 전라도 방언)은 마당 앞이나 가에 있다. 영랑 생가의 우물도 그렇다. 그렇기 때문에 이 시의 샘은 바로 마당 앞의 실재의 우물을 일컫는지도

모른다.

마당은 꽤 넓은 공개적인 공간이자, 동적인 생활의 공간이다. 동네의 공동우물 역시 물 긷는 아낙네에 의하여 온갖 소문이 모이는 공공의 공간이다. 원래 공동우물은 수량이 풍부한 곳을 쉽게 고를 수 있어 별로 깊게 파지 않아도 된다. 그래서 보통 그 안을 환히 들여다볼 수 있는 곳이다.

그러나 집안의 우물은 한정된 공간에 파기 때문에 수량이 부족하여 상당히 깊이 파야 물이 고일 수 있다. 이 우물은 깊은 비밀의 공간이요, 정적인 폐쇄의 공간이다. 그러므로 이 '샘'은 그것이 위치한 '마당'의 동적인 공개성과 대립한다. 이러한 마당의 앞쪽에 자리 잡고 있으면서도 오히려 정반대의 상황에 놓여 있음으로서 우물 공간의 폐쇄성은 더욱 부각된다.

반면에 영랑이 쓴 또 다른 우물인 「수풀 아래 작은 샘」은 낭만의 공간이고 추억의 공간이다. '넓은 하늘의 수만 개의 별을 그대로 총총 가슴에 박은 작은 샘'이요, '두레박에서 쏟아져 동이 갓을 깨뜨리는 찬란한 별 떼의 흩어지는 소리'가 들리는 낭만의 샘이요, '그 밤 또 그대와 나와 샘과 셋이 도란도란 무슨 그리 향기로운 이야기로 날을 새운' 추억의 샘이다.

이 시에서 우물 밖의 세계를 그리는 영혼이나, 지하세계에서 총총한 맑은 눈빛으로 우물 밖의 짝을 부르는 영혼은 하나이다. 영혼은 샘을 들여다보는 '나'와는 다른 존재지만, 이는 곧 나와 동일시를 이룬다. 그리하여 우물 속의 영혼의 치유는 우물 밖의 화자의 치유로 이어진다. 화자는 자기 설움에 동질의 우물 속 영혼을 찾지만, 치유된 우물 속 영혼에 의하여 자신의 영혼이 구원을 받는다. 그러므로 우물의 공간은 내 영혼의 감옥이요, 영혼의 휴식처요, 영혼의 학교요, '내령혼의 얼골'

이다.

사개틀닌 古風의 퇴마루에 업는듯이 안져
아즉 떠오를 긔척도 업는 달을 기둘린다
아모런 생각업시
아모런 뜻업시

이제 저 감나무 그림자가
삿분 한치식 올마오고
이 마루우에 빛깔의 방석이
보시시 깔리우면

나는 내하나인 외론벗
간열픈 내그림자와
말업시 몸짓업시 서로 맛대고 잇으려니
이밤 옴기는 발짓이나 들려오리라

〈「사개틀닌 古風의 툇마루에」 전문〉

위의 시 「사개틀닌 古風의 툇마루에」는 영랑생가의 안쪽에 있는 사랑채가 그 배경으로서, 시간과 장소(공간)의 개념을 복합적으로 아우르고 있다. 투안은 '시간과 장소가 어떤 관련을 가지는가?'라는 물음에서 다음과 같은 세 가지 접근법을 제시하고 있다. 움직임이나 흐름으로서의 시간과 시간적 흐름 속에서 정지로의 장소와 시간이 지남에 따라 가지게 되는 장소에 대한 애착, 마지막으로 가시화된 시간으로서의 장소가 그것이다.

장소는 조직화된 세계로서, 그것은 본질적으로 정적인 개념이다. 만일 우리가 세계를 항상 변화하는 과정으로 본다면, 우리는 어떠한 장소감(sense of place)도 발전시킬 수 없다. 공간속의 운동은 한 방향으로 진행되거나 순환한다. 시간에 대한 일반적인 상징은 화살이다. 그리고 다른 상징들로는 순환적인 궤도나 진동하는 추가 있다. 따라서 공간과 시간에 대한 이미지는 융합된다. 화살은 방향성 있는 시간을 나타낼 뿐 아니라 한 목표점을 향한 공간상의 운동을 나타낸다. 그 목표점은 시간상의 한 지점이자 공간상의 한 지점이다.

「사개틀닌 古風의 툇마루에」의 시적 화자는 먼 옛날에는 매끈거렸을 마룻바닥이 이제 사개가 뒤틀리어 오히려 예스런 정취를 지니고 있는 툇마루에 없는 듯이 앉아 있다. 마치 그럴듯한 한국화의 아름다운 정경인 듯싶지만, 세월이 흐르는 동안 낡아가는 툇마루와 인고의 나날 속에서 지쳐가는 화자의 모습이 조화를 이루고 있다. 화자의 삶 역시 툇마루라는 공간 그리고 덧없는 세월과 궤적을 같이하는지 모른다. 달이 떠오를 기척도 없는 어둑어둑한 저녁이라는 시간공간과 고풍의 낡은 툇마루라는 실존공간에 자리한 삶에 지친 듯한 주인공(화자)의 '없는 듯' 한 존재는 연민의 정을 배가시킨다.

집안의 공적인 생활의 공간은 마당이나 방이거나 앞마루다. 거기에서 심사숙고하여 계획을 세우거나 살림살이의 일과를 행하거나 정좌하고 손님을 맞는다. 하지만 툇마루는 생활의 공간이 아니라 휴식의 장이고, 행동의 공간이 아니라 사색의 장이며, 양(낮)의 공간이 아니고 음(저녁)의 공간이다.

그렇게 오랜 세월의 흐름 가운데 오늘 이 시각은 극히 하찮은 순간에 불과하다. 고풍의 툇마루가 화자의 삶과 동행하는 것과는 반대로 이 월출의 시간과 대립한다. 날마다 그렇게 빠르게 떠올라 마루를 낡게 했던 일월의 세월과 지금 떠오를 기미도 없는 느린 달과의 대립, 그와는 또

대조적으로 그렇게 긴 세월과 이 짧은 순간이 또 대립한다. 이러한 동질의 결합과 이질의 결합은 정서적 반응을 고양시킨다.

그런데도 기척도 없던 달이 조금씩 올라오는 기미가 있고, 마침내 감나무 그림자가 사뿐히 한 치씩 마루의 공간으로 옮아온다. 삶 가운데 그러한 조금씩의 변화가 어쩌면 삶의 의미일 것이다. 생각이 없는 듯 있고, 의미가 없는 듯 있는 것이 이러한 조그마한 변화의 결과이다. 그렇게 좁은 툇마루의 공간에도 의미 있는 변화가 있어 슬그머니 달빛이 다가와 방석을 깐다.

'빛깔의 방석'이란 본래 맨 마루에 앉았는데, 달이 오르자 자신의 아랫몸의 엉덩이 부분이 그림자 지어 '나'와 '나의 그림자'가 같이 무엇을 깔고 앉은 듯 공유하는 부분을 일컬을 것이다. 이는 달빛의 밝은 빛깔이 만든 어두운 빛깔의 그림자라는 아이러니의 방석이다. 그 그림자는 내 하나뿐인 외로운 벗이다. 사실 그림자는 햇빛이나 달빛이 만들어낸 실상이 아닌 허상의 공간이다. 그러므로 그림자는 흔히 거짓의 상징으로 쓰인다.

그러나 이 시 공간에서는 그러한 나의 그림자만이 내 유일의 벗이라고 역설하고 있다. 어쩌면 딴 그림자가 모두 허위일망정 내 그림자만은 진실일 수 있다. 모든 그림자 같은 존재들이 '거짓'인 것을 알기 때문에 내 그림자만을 '참'으로 인식될 것이다. 그러나 '내하나인 외론벗'인 '간열픈 내그림자'는 결국 타아라기보다 자아이기 때문에 말도 없고 몸짓도 없이 그대로 앉아 있는 것이다. 인간은 그렇게 외롭게 던져진 존재다.

그림자는 시인 영랑에게는 서먹서먹하지 않은 벗이다. 하지만 외로운 벗인 그림자조차도 말이 없이, 몸짓도 없이 그냥 그렇게 그대로 앉아 있으니 완전한 정적, 순수의 정적 속에 빠진다.

이처럼 시간감은 장소감에 영향을 미친다. 어린 아이의 시간이 성인의 시간과 다르듯이, 어린 아이의 장소 경험은 성인의 장소 경험과 다르다. 성인은 아이가 장소를 체험하는 방식으로 장소를 체험할 수 없다. 이는 그들 각각의 감각적·정신적 능력이 다를 뿐만 아니라 시간에 대한 느낌이 다르기 때문이다. 즉 시적 화자가 앉아 있는 사개틀린 툇마루의 공간에서의 시간과 장소 역시 또 다른 공간으로 의미가 재창조되고 있는 것이다.

추석이 내일모레 기둘니리
바람이 자지어서 걱정이리
누이의 마음아 나를 보아라
「오-매 단풍 들것네」

〈「누이의 마음아 나를 보아라」 2연〉

위의 시 「누이의 마음아 나를 보아라」의 시적 공간은 「마당 앞 맑은 새암을」의 무대가 된 우물 옆에 자리한 장광이다. 주시하다시피 '장광'은 '장독대'의 전라도 방언으로써, 우리의 생활과 매우 밀접한 관계를 갖고 있는 오랜 시간의 축적으로 형성된 문화공간이다.

장독대라는 문화공간의 주요 핵심에는 장(醬)이 있다. 중국의 『위지동이전』에 "고구려는 장양(醬釀 : 장 담그기나 술 담그기) 등의 발효성 식품을 잘 만든다."라는 기록이 있다. 또 『증보산림경제(增補山林經濟)』의 「장제품조(醬製品條)」 첫머리에도 "그해 장맛이 좋아야 집안에 불길한 일이 없다."고 씌어있다. 즉 장맛이 없으면 음식 맛이 없고, 음식 맛이 없으면 밥맛이 없고, 밥맛이 없으면 건강이 없고, 건강이 없으면 평안도 없다는 것이다.

이처럼 문화공간은 시간과 함께 인간의 삶을 규정하는 근본적인 패러다임이다. 시간이 삶의 세로축을 규정한다면, 공간은 삶의 가로축을 규정한다. 인간은 공간을 바탕으로 해서 생활을 영유하고, 그 바탕 위에 시간을 더해 경험을 축적하며, 이런 과정을 되풀이하면서 역사를 만들어 나간다. 이런 측면에서 보면, 역사란 공간의 씨줄과 시간의 날줄을 교차시켜 만들어낸 구조물이라는 구태의연한 비유는 당연한 것이라고 할 수 있다.

이러한 공간의 확장성은 역사와 문학이 모두 인간의 삶을 대상으로 한다는 사실에 기인한다. 문학과 삶의 관계는 멀리는 아리스토텔레스(Aristoteles)로부터 가까이는 아우얼바하(E. Auerbach)에 이르기까지 수많은 연구자들이 논의를 거듭해왔으니, 다시 언급할 필요는 없을 것이다.

이 시의 중심 공간을 이루고 있는 장독대는 농촌 어디를 가나 뒤란에서 흔히 볼 수 있는 우리나라의 전통 문화의 공간이다. 장독대는 울안에서 약간 높직한 곳의 볕이 잘 드는 동쪽에 위치해 있으며, 물이 잘 빠지도록 돌을 2~3층 가량 쌓은 다음 판석을 깔아 만들었다. 가장 큰 독에는 간장을, 중독에는 된장이나 막장을 담아두며, 항아리에는 고추장이나 장아찌 류를 담는다.

「누이의 마음아 나를 보아라」의 작품 공간의 이해를 위해서는 화자인 '나'와 나에게 이 시를 읊조리게 한 '누이'의 나이와 처지를 알 필요가 있다. 그러나 이에 대한 외적 자료는 없다. 부득불 텍스트 내에서 살필 수밖에 없을 것이다. '장광에 날아온 골 붉은 감잎'에 때 이르게 '오-매 단풍 들것네'라고 놀란 양 외치는 누이의 나이는 몇이나 될까. 우리는 부득이 계절에 민감하게 반응하는 여성의 나이는 몇인가로 이를 풀어야 할 것이다. 가을의 공간은 혼인의 계절, 이 가을이 혼기를 맞은 처녀에게 가장 예민한 계절이다. 그냥 지나치면 덧없이 한 살을 더 먹어야 하는 아쉬움을 화자는 시간 공간의 암시를 위해'단풍'이라는 시어를 끌어 온 것이다.

누이는 장독대에 떨어진 감잎을 보자 놀란 듯이 '오-매 단풍 들것네' 라고 외치면서 오빠인 나를 쳐다본다. 누이는 짐짓 놀란 양 허풍을 떠는지 모르겠다. 아니면 시집가고자 하는 무의식적인 욕망이 그런 외침을 만들어냈는지 모른다. 이제 누이는 감잎을 보고 놀라는 것이 아니라 나를 쳐다보고 외친다.

'추석이 내일모레 기둘니리'의 시간공간의 의미는 며칠 내로 다가오는 추석을 기다린다는 것이 아니라, 어차피 벌써 올해는 저물었으니 내년을 기다릴 수밖에 없다는 의미로 풀이할 수 있다. 또는 추석이 지나면 추수를 할 테니까 그때를 기다린다는 의미로도 해석할 수 있다.

'바람이 자지어서 걱정이리'는 그렇게 내년까지 기다리기로 작정했으면서도 마음속에 일어나는 동요를, 단풍 들기는커녕 아직 생생한 나뭇잎을 떨어뜨리는 바람에 비유했다고 할 수 있다. 그래서 이젠 누이와 함께 나도 '오-매 단풍 들것네' 하고 의식 반 무의식 반으로, 기대 반 걱정 반의 외침을 발한다. 이는 누이를 설득하는 체 하면서 실은 자신을 설득하는 것이다.

흔히 김영랑의 시는 율격의 아름다움만을 추구하는 경향이 있다. 이 작품도 전통적 문화공간인 장독대를 끌어들여 가을을 맞이하는 순수한 소녀의 정서를 융합시켜 작품성을 배가시켰다고 할 수 있을 것이다.

나. 김현구 시의 공간성

김현구는 1903년 11월 30일 강진군 강진읍 서성리 179번지에서 태어났다. 그는 보통학교에 입학하기 전까지 영랑과 함께 향교라고 할 수 있는 강진의 금서당(영랑 생가 뒤에 현존)에서 한문을 배웠다. 1918년 강진보통학교를 졸업한 현구는 1920년 배제학당에 입학했으나 무슨 연유인지 1921년 자퇴하고 강진에 내려와 북산(일명 보은산)의 병풍바위와 비둘기바위 등을 벗 삼아 습작생활을 했다. 이 시기에 김영랑·차부진 등과 더불어 〈청구〉라는 문학모임을 결성하여 동인지를 몇 차례 발간했다. 현구는 1930년 5월 『시문학』 2호에 「님이여 강물이 몹시도 퍼럿습니다」를 비롯한 4편의 시를 발표함으로써 비로소 시단에 나오게 된다. 이후 『문예월간』, 『문학』 등에 총 12편의 시를 발표하는 등 활발한 시단 활동을 전개한다.

현구는 1934년 본가로부터 30여m 떨어진 강진읍 서성리 214번지로 분가한 후 생계를 위해 강진읍사무소(현재 강진군청)에 들어가 사망할 때까지 공직생활을 전전하였다. 1934년 시문학파가 실제적인 해체의 일로에 놓이자 그는 『문학』 3호에 「山 비둘기 같은」을 마지막으로 시단활동을 접고 강진에 칩거하게 된다. 1950년 10월 3일 6·25 전란 와중에 공산당 프락치에 의해 그는 46세의 나이로 죽임을 당하고 말았다. 그는 생전에 세 차례의 시집 발간 기회가 있었으나 모두 무산되고 사후 20년만인 1970년 유족과 현구기념사업회에 의해 유고시집 『현구 시집』을 출간하였다. 이 유고집에는 생전에 남긴 85편의 시가 수록되었다.

김현구의 시를 읽을 때 가장 많이 눈에 띄는 소재들은 자연물이다. 그것도 삭막한 도시에서 접할 수 있는 자연물이 아니라, 거기서 멀리 떨어진 시골에서나 접할 수 있는 것들이다. 더 구체적으로 말한다면, 강진이라는 향리에 펼쳐져 있는 자연물을 비롯한 그곳에 사는 사람들의 습속 또는 인정이라고 할 수 있을 것이다. 그의 시는 기행 시 8편을 제외한 77편 모두가 그의 고향인 강진의 자연풍광과 습속에 깊은 관계를 맺고 있다.[45)]

영랑이 8·15해방 이후 향리를 떠나 상경하여 얼마간 도시생활을 하면서 시를 썼던 점을 감안하면, 현구는 완전한 강진 토박이 시인이다. 이들 두 시인이 강진에서 "활짝 핀 모란꽃과 滄海의 흰 물결을 지치도록 스치며 나는 외로운 갈매기의 연분으로 시를 썼다"[46]고 술회하고 있는 차부진의 기록은 이 점을 잘 대변해주고 있다.

> 형님! 지금도 강물이 몹시 퍼렇습니다. 머릿속에 아득한 그 옛날 지구가 생성하던 그때부터 지금까지 이 고장(강진)의 동쪽에서 서남쪽으로 흐르는 이 강물(탐진강) 은 그 푸름 속에 우주와 인생이 태고적 그 '리듬'변함없이 무언의 예언자로서 유유하게 구비 쳐 흐릅니다.[47]

위의 인용문은 김현구의 동생 현석의 말로, 「님이여 강물이 몹시도 퍼렷슴니다」의 시적 공간이 강진의 탐진강 임을 재확인시켜주고 있다. '강물'은 태고로부터 이어지는 오랜 시공(時空)을 흐르며 희비애환(喜悲哀歡)의 비밀한 역사가 담겨져 있다. 여기서 '님'은 현구의 강렬한 애욕(愛慾)의 표상일 수도 있고, 생명력의 호소일 수도 있을 것이다.

> 유리ㅅ빗 바람이 소올 소올 부러오고
> 실조름 가튼 아지랑이 서리여있는
> 그밧게 향기로운 바다가 넘실거리고
> 내마음 늘 사심한 섬둘레 흰모래를
> 푸른 물결이 끄닐새업시 씻고 있다

---

45) 김선태, 「김현구 시 연구」, 원광대 박사논문, 1995, 53쪽.

46) 차부진, 「내가 아는 玄鳩 詩人」, 『현구 시집』, 문예사, 1970, 171쪽.

47) 金炫奭, 「형님! 지금도 강물이 몹시 퍼렇습니다」, 『현구 시집』 문예사, 1970, 177쪽.

발근날빗에 바다가 은ㅅ결가치 반짝기고
머언곧 하날이 나직히 내려와 속살대며
사랑어우르는 갈매기떼 어저러히 흐터나르고
춤추는 물결에 은비늘고기 꼬리처 굼실거리며
물새와 고기들이 서로 즐기는 곧

그곧에 푸른빗 기쁨이 꽃머그머 있느니
그곧에 빗나는 보람이 멀리 얼신거리느니
슬픔이 거리에 뜨고 한숨소리 집마다 노플때
넉시는 괴로운 가슴과 수심에저즌 잠ㅅ자리를 고이떠나
새 나르듯 근심마음을 포르르 나라너머서
늘봄의 물결사이에 기쁨을 노래하느니

江南제비 도라오는길 아득한 바다
그곧이 내마음 사라있는 곧
파초열매 무르노근 향기가 가득 떠돌고
닭알처럼 히고 예쁜배가 날나다 돗달고가며
새노래와 고기뛰염 끄니지 않는 바닷물결에
내마음은 물오리가치 잠방그리고 있다.

〈「내 마음 사는 곧」 전문〉

위의 작품은 '바다'를 소재로 노래한 현구의 「내 마음 사는 곧」의 전문이다. 여기에서 현구가 노래하고 있는 '바다', 즉 '강진만[48]'은 사랑과

48) 문병일, 앞의 책, 33쪽.
강진만은 강진군 도암면과 대구면 사이에 있는 만(灣)으로서, 강진군의 중앙부까지 자리하여 '人'자 모양으로 되었다. 해안선의 길이는 99.5km이며, 만 안에는 유인도 1개와 무인도 8개가 있다. 이 만에는 탐진강・장계천・석문천 등의 하천이 유입된다. 이로 인하여 주위의 해역보다 염도가 낮아 영양염도가 32.30%, 평균

기쁨, 그리고 평화가 충만한 인문학적 공간이다. 화자는 모든 풍요와 아름다움, 그리고 기쁨과 평화가 넘실거리는 고향의 바다를 예찬하면서 그곳에서 살고 싶은 욕망을 노래하고 있다. 이 고향바다는 그의 정서와 삶의 보람을 송두리째 품에 안고 있는 요람의 바다요, 유토피아이다. 따라서 화자는 '내 마음 사라있는 곧'인 그 바다에 '물오리가치 잠방그리며' 영원히 붙박여 살기를 원한다. 한 마디로 말해서 이 시는 왜 그가 죽을 때까지 고향 강진에서 시를 쓰며 무욕의 삶을 살다 갔는가를 잘 대변해 주고 있다.

투안은 "장소의 크기는 다양하다. 작게는 마음에 드는 안락의자가 장소이며, 크게는 지구 전체가 장소다. 고향은 중간 크기를 가지는 중요한 유형의 장소다."라고 했다. 따라서 현구의 고향의 공간, 즉 그의 '바다'는 안락의자이며, 지구 전체로 의미망을 확대할 수 있는 우주적인 공간인 것이다.

정지용이 김영랑의 시를 감상하는 데서 다도해의 크고 작은 섬들의 물속에 잠긴 모습을 '오리새끼들처럼 잠방거리며 노니는'[49] 이라고 표현한 적이 있다. 그러나 현구는 이보다 훨씬 앞서 바다를 바라보는 자신의 마음을 '물오리같이 잠방거리고 있다'고 한 것은 파격적인 표현기교가 아닐 수 없다.[50] 그의 향리의 앞 바다 푸른 물결 속에 잠긴 섬들을 바라보는 자신의 마음을 이렇게 비유한 것이다.

수온이 6.1도로서 해조류 및 어패류 서식에 적합하다. 생산되는 해산물로는 바지락 · 갯장어 · 김 · 새우 · · 대합 · 고막 · 굴 · 낙지 · 숭어 · 농어 · 망둥이 등이 잇다. 특히 대합과 새우의 맛이 뛰어났으나 최근 토사의 매몰로 수집이 얕아져 생산이 감소되고 있다. 탐진강 하구는 1970년대의 간척사업으로 농경지화 되었다. 만의 동남쪽에 위치한 마량항구는 수심이 깊고 전면에 고금도가 방파제 구실을 하기 때문에 해상교통의 요지이며 어항으로 발전하고 있다.

49) 정지용, 「시의 감상」, 『여성』 2권 8호, 50쪽.

50) 김학동, 「현구 김현구론」, 『현구 김현구 전집』, 중앙인쇄, 2002, 109쪽.

바다는 모든 사람에게 어머니의 가장 크고 영원한 상징[51]이라고 한 보나빠르트 부인의 말과도 같이 자연에 대한 사랑의 근원은 어머니에 대한 아들의 사랑과도 같은 것이다. 따라서 현구의 바다를 향한 이러한 열정은 그 정서의 근원적 형태로서 그가 태어나서 자란 향리의 바다가 원초의 물질임을 말할 것도 없다. 심해의 푸른 물결 속에 '물오리' 같이 '잠방거리고' 있는 섬들의 특유한 모습, 이것이 자연에 대한 현구의 시심을 유발시킨 것이라 할 수 있다.

애야 연아 저 꽃을 보아라
젊은이 가슴에 흔들리는 사랑꽃
그일설 그눈초리 재양감춘 복사꽃
담밑에 수집어서 혼자 피는 꽃 밈들레꽃

외로운꿈 숨은한숨 고개숙인 할미꽃
시악시 서른사랑 눈물어린 땅찔레꽃

애야 연아 그꽃을 보렴으나
젊은이 가슴에 흔들리는 서름꽃

〈「사랑꽃 서름꽃」 전문〉

꽃을 소재로 한 현구의 시이다. 이 시에는 여섯 가지 꽃의 이름이 나온다. '복사꽃', '밈(민)들레꽃', '할미꽃', '땅찔레꽃' 그리고 '사랑꽃', '서름꽃'이 그것이다. 그러나 앞의 네 가지는 구체적인 꽃이지만 뒤의 두 가지는 관념화된 꽃이라고 할 수 있다. 이는 그 꽃의 이미지에 따라

51) 가스통 바슐라르, 앞의 책, 156쪽 재인용.

시인이 나름대로 의미를 부여하여 부르는 이름일 것이다. 위의 시에서 보면 '복사꽃'과 '밈들레꽃'은 사랑꽃에 해당되며, '할미꽃'과 '땅찔레꽃'이 서름꽃에 해당된다. 이렇듯 꽃에다 관념을 부여하여 부르는 것은 현구만의 특이한 창조적 시어 구사[52)]라고 할 수 있는데, 그의 시 「씨(시)름꽃」[53)]에서도 이와 같은 현상이 보인다.

내마음은 물우에 뜬 갈매기 서런 갈매기
날마다 날마다 아득한 물ㅅ결새에 떳다 잠겻다
외롬이 자저 푸른 그림자 흐른물에 떨치고
하날에 소사 끗업는 한탄을 노래하느니
〈「물우에 뜬 갈매기」 전문〉

'새'를 소재로 한 현구의 시이다. 여기서 화자가 말하는 '새'는 강진 앞바다에 떠 있는 갈매기일 것으로 짐작되지만, 그것은 갈매기 자체를 표현한 것이 아니라 그 대상에 시인 자신을 투사하여 동화를 꾀한 것이다. 그래서 '갈매기'는 그냥 갈매기가 아니라 '서런' 갈매기이며 '외롬'이 잦은 갈매기이다. 그 갈매기는 즐거움도 그 무엇도 아닌 한탄을 노래하는 갈매기이다. 즉, 향리에 묻혀 사는 불운한 현구 자신에 다름 아니다.

으슥칩고 가슴답답한 잿빛 구름이 흐터져버리여
푸른 하날에 비닥이가튼 힌날이 은ㅅ빛 춤을 추고
온갖 수목의 싹을 틔는 미끈한 바람이 쏘다져나오면

52) 김선태, 앞의 책, 61쪽.
53) 「씨름꽃」의 전문은 다음과 같다.
님모리서 가든길에 / 진달레꽃 붉었습데
님기리는 이들길에 / 씨름꽃이 눈물일레

버드나무 피리ㅅ소리 요라한 봄ㅅ거리우에
발버슨 어린이들이 긴행녈을 시작합니다.

가슴에 오직 생명의 물결이 넘쳐흐르고
天眞스런 기쁨과 거룩함과 밝은 마음으로
어머니 젖같은 봄 소식을 펼치고 돌아다니는
어린이들의 코-러스가 거리에 넘치어감니다.

이러는 때 어른들은 산날맹이로 도라가
묵은 記憶의 서러운 보금자리에 몸을 안끼여
일흔 사랑과 떠난 벗들과 죽은 사람을 한탄하는
세월이 가르친 덧업는 근심을 씻습니다.
웃는 봄ㅅ봇도 옛서름을 자아내는 물레가 됩니다.

〈「거룩한 봄과 슯흔 봄」 1~3연〉

'봄'은 '꽃'과 '새'와 밀접한 관련을 맺고 있는 시어로서 현구가 매우 중요하게 다루는 소재이다. 현구의 경우 85편의 시 전체를 놓고 보았을 때 봄을 직접 제목으로 하거나 이와 관련된 표현을 하고 있는 시가 무려 25편에 달한다.[54] 그가 봄, 여름, 가을, 겨울이라는 사계절 중에 유독 봄을 시적 소재로 많이 삼았다는 점은 내면 풍경이 그것과 밀접한 관련이 있음을 표현한다고 할 수 있을 것이다.

바슐라르는 '봄의 물'을 설명하면서 그것을 신선한 말이며 부활의 계절 전체에 가치를 부여하는 것, 또는 어린아이의 신체처럼 충만한 육체[55]라고 표현했다. 따라서 봄은 온갖 생명의 부활과 희망의 향연을

54) 김선태, 앞의 책, 66쪽.
55) 가스통 바슐라르, 앞의 책, 52쪽.

상징하고 있다고 할 수 있다.

현구도 봄을 환희의 대상으로 파악하고 있다. 「거룩한 봄 슬픈 봄」은 『시문학』 2호에 발표된 초기의 시인데 '어린이'와 '어른' 또는 '거룩함'과 '슯흠'이 교차하는 매우 특이한 구조를 이루고 있다. '어린이'는 바슐라르가 말한 '봄의 물'처럼 '가삼에 오즉 생명의 물ㅅ결이 넘쳐흐르는' 것과 같은 '신선한 말'이며, '부활의 계절 전체에 가치를 부여하는' 대상에서 '온갖 수목의 싹을 틔우는 미끈한 바람'이다. 즉, 사람으로 치면 봄은 '天眞스러운' 어린이인 것이다. 현구는 '어린이'를 통한 근원적인 봄을 예찬하고 있다. 그러나 '어른'인 그는 이러한 어린 시절을 다 보내버렸으므로 다시는 돌아갈 수 없는 지점에 서 있다. 그는 '묵은 기억의 서러운 보금자리에 몸을' 기대어 '세월 가르친 덧업는 근심을 씻는' 존재일 뿐이다. 즉 '웃는 봄ㅅ빗도 옛서름을 자아내는 물레'일 수밖에 없는, 봄을 봄으로 맞아들일 수 없는 퇴색한 존재 또는 봄을 잃어버린 슬픈 존재인 것이다. 이렇듯 현구의 봄을 보는 시각에는 '어린이'와 '어른'이 양존 또는 교차하고 있지만 결국 자신은 '때의 물결에 씻기고 남은 어른'이라는 허무한 존재일 수밖에 없음을 안타까워한다. 곧 봄은 신선한 어린이를 보며 어른이 부러워할 수밖에 없는 인생무상의 대상이 되고 있다. 봄은 이러한 세월의 오고 감을 가장 극명하게 교차시켜주는 계절이라는 점에서 유독 감상적인 정서를 껴안고 있는 대상이다.

> 버슨발노 호믜들고 오날도 드을에나와
> 풀캐는 시악시의 머리에 쓴 하-야수건
> 바람에 나불니며 제혼자 흥그리니
> 쓰린새상 눈물이랴 님기리는 서름이랴

풀깨며 흥그리다 머언길보고 한숨쉬니
작별한 그대님이 이봄따라 오맛든가
길에선 나그내의 걷는거름 더디뵈니
아마도 늬 기리는님은 이봄에도 안오신가

〈「풀캐는 색시」 전문〉

우리고을 서문밖 새동산 모룽이에
쓸쓸한 꿈 어려있는 이별의 落花亭

임두고 고향 두고 타관 길 외론 마음
잘 가자 잘 있거라 서뤄 눈물 짓는 곳

아아 굽어진 老松나무 바람이 울면
서루운 옛이야기 속살대느니

보내는 이 가는 이 이 길에 서서
눈물을 흘리는 落花亭 落花亭

〈「落花亭」 전문〉

현구의 시에는 그가 살았던 향리(강진)의 소박한 생활 습속이나 인정을 소재로 한 것들이 많이 등장한다. 이는 그가 도회지가 아닌 농촌에 묻혀 살아온 생활의 의도적 반영[56]이라고 할 수 있을 것이다. 이러한 면은 그가 시 속에서 구사한 방언(전라도 말)과 함께 잘 드러나고 있다.

위의 시 「풀캐는 색시」는 '버슨발노 호믜들고 오날도 드을에 나와' 머리에 하얀 수건을 두르고 뙤약볕에서 김을 내는 시골 '시악시'의 고달

---

56) 김학동, 「현구 김현구론」, 『한국현대시인연구』, 민음사, 1977, 37쪽.

픈 삶의 모습을 노래하고 있다. 특히 이 시에 나타난 정서는 현구의 생활과 관련이 깊다고 할 수 있겠다. '쓰린 세상 눈물'과 '님 기리는 서름'에 겨워 '흥그리다 머언 길 한숨' 쉬는 소극적인 삶의 자세가 그대로 반영되고 있다고 할 수 있다.

또 「낙화정」은 향리의 습속과 인정이 엿보이는 시이다. 현구의 시에는 향리의 구체적인 지명이나 인명까지도 많이 등장하고 있는데, '神學山', '南浦', 'M 婦人', 그리고 '낙화정'과 '서문' 등이 그것이다.57)

'낙화정'은 강진의 서문 쪽 동산에 있는 정자의 이름이다. 이 정자는 '님두고 고향두고' 객지로 떠나는 사람들과 보내는 사람들이 마지막으로 서로 눈물지으며 헤어지는 '이별의 터'인 것이다. 따라서 이 '낙화정'은 이곳 사람들의 '서러운 이야기'와 안타까운 인정이 묻어 있는 곳임을 잘 그려내고 있다. 이밖에도 향리를 노래한 현구의 시는 「종달새의 말」, 「님의 노래」, 「산골사내의 부르는 노래 2」 등을 꼽을 수 있다.

뉘눈살에 시다끼어 그맵시 쓸쓸히
외루운넋 물고오는 검정 비둘기
해늙은 느릅나무 가지에 앉어
구구꾹 목노아 슬피우노나

깨우면 꺼져버릴 꿈같은 세상
사랑도 미움도 물우에 거품
그서름 香火처럼 피워지련만
날마다 못잊어 우는 비둘기

57) 현구의 시에 등장하는 지명들은 모두 강진 읍내에 있는 실제 지명이며, 'M부인'은 일찍 세상을 뜬 영랑의 첫 부인을 말한다.

웰트슈매-쓰? 니힐의 속 아픈 울음?
알이 없고 둘곳 없는 저혼잣 서름!
귀먹은 地獄거리 가에 앉어서
虛空에 우러데는 외론비둘기

높고푸른 하날은 끝없이 멀리개여
太古然한 햇빛만이 헛되이 흐르는말
오날도 혼자앉어 슬피울다가
어디론지 간곳몰을 검정비둘기

〈「검정비둘기」 전문〉

현구(金炫耉)가 자신의 아호 '玄鳩'를 따서 쓴 시 「검정비둘기」이다. 따라서 이 시는 현구가 자신을 형상화한 자화상에 해당된다. 『현구시집』의 장정을 검정색으로 하고 금박으로 제자를 찍은 것은 저자의 호인 '검정 비둘기'의 인상을 살리기 위함과 아울러 "故人이 生存時에도 검정색을 좋아해서 검정 두루마기를 즐겨 입었다는데 연유한 것"[58]이라는 기록에서도 알 수 있다. 검정색은 죽음을 상징하는 색이라 할 수 있으며, 검정색 비둘기라 함은 흰색을 비롯한 여러 가지 색깔이 섞인 집비둘기가 아닌 산비둘기를 지칭한다. 그의 시에는 실제로 똑같은 이미지로 쓰인 새를 지칭함에 있어 '검정 비둘기'라 하지 않고 '산비둘기'라고 표현한 것들이 있다. 「山비둘기 같은」[59]이나 「옛사랑」[60]에 나오

58) 임상호, 「후기」, 『김현구 시집』, 문예출판사, 1970, 179쪽

59) 다음은 「山비둘기 같은」 전문이다.
날씨가 이리 포옥 따스한 겨울날 / 까아만 다박솔 아늑히 둘러선 산기슭 / 양지바른 무덤 앞 잔디 위에 누웠으면 / 마음속 어둔 그늘 이제 구름같이 사라지지고 / 죽음의 맑은 기쁨 향불처럼 피어오르나니 // 달 빛 희뿌연 새벽 산골 안개 속 같은 내 마음 / 숲 속에서 숨어 앉아 가만히 나래 떨고 / 졸리운 양 눈을 감는

는 '산비둘기'가 그 예이다. 그런데 현구가 그의 자화상을 그리는 데 있어서 유독 '검정'이라는 색깔을 넣어 표현한 것은 후기에 오면서 죽음을 의식한 의도적인 배치가 아닌가 한다. 이렇게 현구는 자신을 표현함에 있어 직접 그것을 설명하지 않고 반드시 동식물에 비유하여 표현하는 경향이 있는데, 동물 중에는 '갈매기', '물오리', '산비둘기', '산토끼' 등 주로 바다나 산에 사는 것들을, 식물 중에서는 '할미꽃', '땅찔레꽃', '씀바귀꽃', '진달래꽃' 등 주로 들꽃들을 그 대상으로 하고 있다. 이것은 영랑이 '꾀꼬리'나 '모란' 등 주로 귀족적이고 화사한 동식물에 자신을 투영하고 있는 것과 좋은 대비가 된다.[61]

위 시에 나오는 검정 비둘기는 한결같이 '울음'으로 표현되는 슬픈 새이다. 왜 그 새는 줄곧 울기만 하는가. 그것은 '웰트슈매-쓰'(벨트-슈매쓰 : 世界苦)와 '니힐'(虛無)로 가득 차 안심하고 내려앉을 수 없는 인간의 거리, 즉 '귀먹은 地獄의 거리'이다. 그 지옥의 거리에서 그 새는 알아주는 이도 없고 몸 둘 곳도 없기 때문에 '허공'에나 대고 울 수밖에 없는 비둘기이다. 그 서러운 새는 '이마를 흘너가는 바람결갓치 / 간길도 모르게 사라져바리는 / 그렇게 흔적업는 노래를'(「나의 노래는」 일부 인용) 부르는 새인 것이다. 그 새에게 남은 것은 허무와 죽음의 시간뿐이다.

산비둘기 같은 내 넋은 / 머얼리 가직이서 나직하게 우러나는 / 大地의 엘리지를 한가로이 듣습니다 〈『문학』 3호, 1934.〉

60) 다음은 「옛사랑」의 전문이다.
금빛 물결 남실거린 보리밭가에 / 둘이 앉아 부끄럽던 옛 사랑아 / 그대는 어느결에 주립 잡히고 / 나도 이리 늙어서 머리가 희다 // 덧없는 세월은 흐르고 흘러서 / 우리들 젊은 꿈도 낡아 버리고 / 허무러진 객사터 빈 마당가에서 / 산비둘기 구구 구꾸 울어대누다

61) 김선태, 앞의 책, 101쪽.

> 해방이 되어 전기 사정이 좋지 않던 시절, 전깃불이 일찍 나가버리면 호롱불을 켜놓고 연상위에 무엇인가를 쓰고 계시던 아버님의 모습이 생생하게 떠오릅니다. 저와 동생을 데리고 북산비둘기바위에 오르셔서 멀리 바라다 보이는 구강포의 넘실거리는 바닷물과 올망졸망한 섬들을 바라보시며 늙은 소나무 위에서 우는 비둘기소리에 가만 귀 기울이시던 모습도 떠오릅니다.[62]

현구가 고향의 공간에 대한 애착과 그 곳을 중심으로 시 창작을 했었다는 것은 그의 아들 문배의 회상을 통해서 재확인되고 있다. 여기서 말하는 '북산 비둘기 바위'와 '구강포' 등은 현구의 집 주변의 지명으로서, 이곳들은 현구의 시를 잉태한 발원지이자 문학공간이다.

62) 김문배, 「아버님을 추억하며」, 『김현구 시 연구』, 국학자료원, 1997, 13쪽.

제4장 시문학 공간의 문화콘텐츠화 방안

1. 체험의 유형
   가. 〈모란 밭〉의 상상력 체험
   나. 〈남도문학 탐방길〉의 감성 체험
2. 축제의 유형
   가. 지역 콘텐츠로서의 〈탐진나루 축제〉
   나. 연계 콘텐츠로서의 〈남도문학축전〉
3. 전시와 연구의 유형
   가. '시문학파' 아카이브 구축
   나. 영랑 시어의 가치 복원

제4장

시문학 공간의 문화콘텐츠화 방안

1. 체험의 유형

가. <모란 밭>의 상상력 체험

김영랑의 '모란'은 물질화한 원초적 사물로서 다양한 상징적 상상력을 함의하고 있다. 영랑의 집 뜰 안에 즐비하게 피어있는 모란은 물질화된 원형, 곧 환상의 세계 속에 핀 꽃으로 다양한 의미망을 지닌 하나의 사물이다.[1)]

영랑의 모란에 '봄'의 온갖 기대를 걸고 있는 '봄'의 상징적 의미는 다양하게 표출된다. 그리하여 이제까지 여러 사람들에 의해서 논의되어 온 '봄'에 대한 해석의 다양함도 바로 여기에 있는 것이다. 5월의 모란에서 느끼는 영랑의 봄은 특이할 뿐만 아니라, 그 봄이 표상하고 있는 의미조차도 단순하지는 않다. 무엇인가 스스로 잃었던 상실감에서 벗어나려는 기대가 온통 '모란'에 집중되어 있는 것이다.

1) 김학동, 앞의 책, 201쪽.

내 가슴속에 가늘한 내음
애끈히 떠도는 마음
저녁해 고요히 지는데
머ㄴ山 허리에 슬리는 보랏빛

오! 그 수심뜬 보랏빛
내가 일흔 마음의 그림자
한이틀 정녈에 뚝뚝 떠러진 모란의
깃든 향취가 이 가슴노코 갓슬줄이야

얼결에 여흰봄 흐르는 마음
헛되이 차즈랴 허덕이는날
뻘우에 철석 개ㅅ물이 노이듯
얼컥 니-는 훗근한 내음

아! 훗근한 내음 내키다마는
서어한 가슴에 그늘이 도나니
수심뜨고 애끈하고 고요하기
山허리 슬니는 저녁 보랏빛

〈「가늘한 내음」 전문」〉

김영랑이 『시문학』 2호에 발표한 「가늘한 내음」이다. 사실 모란의 '내음(마음)'을 휘감고 있는 이 시는 향취를 맡는 것조차도 후각이 아니라 '마음'이다. 모란이 지고 난 뒤 '마음'을 휘감고 도는 모란의 잔향(殘香)으로 '봄'을 되찾으려는 몸부림도 헛되이 '봄'은 '머ㄴ山 허리에 슬리는 보랏빛'처럼 원경으로 깔리는 상실감이 깃들어 온다. 영랑의 자아와 인생에 대한 '보랏빛'같은 기대와 신뢰감이 모란의 낙화와 함께 상실하고 만 애수와 허전함을 주제로 하고 있다. 그런데 이 시의 2·3연에 나타난 모란의 향취와 '봄'의 상실감은 바로 「모란이 피기까지는」으로 이어진다.

모란이 피기까지는
나는 아즉 나의 봄을 기둘리고 있을테요.
모란이 뚝뚝 떠러져버린날
나는 비로소 봄을여흰 서름에 잠길테요.
五月어느날 그하로 무덥든 날
떠러져누은 꽃닢마져 시드러버리고는
천지에 모란은 자최도 없어지고
뻐쳐오르든 내보람 서운케 문허졋느니
모란이 지고말면 그뿐 내 한해는 다가고말아
三百예순날 한양 섭섭해 우옵내다.
모란이 피기까지는
나는 아즉 기둘리고 있을테요 찰란한 슬픔의 봄을

〈「모란이 피기까지는」 전문〉

이 시는 영랑의 대표작으로 『문학』 3호에 발표되어 있다. 모란 속에서 자신의 삶의 보람을 느낀 영랑은 시에다 '기다리는 정서'와 '잃어버린 설움'을 갈등시키고 있다. 모란은 그의 정신적 의지 처로서 이상의 실현에 보다 강렬한 집념의 표상이다.[1] 이 시인이 참고 기다리며 또 우는 것도 모란이 피고 지는 까닭이다. '삼백 예순 날'은 모란이 피는 날과 그것이 피기를 기다리는 시간의 연속으로서, 그의 모든 보람 있는 날로 만들고 있으나 그 감정의 밑바닥에는 상실감과 허전함이 깔려 흐

1) 위의 책, 204쪽.

르고 있다.

영랑의 뜰에 정성들여 가꾸어진 수많은 모란, 그들이 피기를 기다리는 '5월', 다시 말해서 영랑이 기다리고 또 보내기를 꺼려하는 '봄'의 상징적 의미는, 그가 살던 시대 배경이나 사회 환경으로 보아 식민지 치하의 지식인들이 가졌던 실의와 좌절감에서 벗어나 그들의 보람과 이상이 꽃 피기를 기다리는 '날'이기도 하다. 그렇다고 이 시에서 기다리는 '봄'의 의미는 이것만으로 한정할 수는 없다. 스스로의 생명에서 더욱 큰 이상과 가치의 세계로까지 확대되는 보람과 최고 목적이 여기에 함축되어져 있는 것이다. 즉 이 시의 중심 의미는 '봄을 기다림- 상실에의 슬픔- 완전한 상실- 보람의 상실- 슬픔의 지속- 봄을 기다림'으로 요약된다.[2] 여기에 임종국의 "일제 강점기 제일 먼저 붓을 꺾은 김영랑"에 대한 평가[3]를 가미하면, 영랑의 모란은 문화콘텐츠로서의 충분한 가치를 지닌다고 할 수 있을 것이다.

문학작품을 원천자료로 한 문화콘텐츠 개발에 중심이 되는 것은 스토리이다. 영랑의 「모란이 피기까지는」의 소재가 된 '모란'은 매우 다양한 스토리를 갖고 있다.[4] 또 작곡가들에 의해 곡으로 붙여져 다양하게

---

2) 양병호, 「'내 마음'의 서정으로부터 '절망'의 현실인식으로-김영랑론」, 『문예연구』 36호, 2003, 26쪽.

3) 임종국, 『친일문학론』, 민족문제연구소, 2001, 457쪽.
임종국은 이 책에서 김영랑에 대해 다음과 같이 기술했다.
"끝까지 지조를 지키며 단 한 편의 친일문장도 남기지 않은 영광된 작가들도 적지 않다. 福岡감옥에서 옥사한 시인 윤동주, 폐허파에서 변영로 오상순 황석우, 조선어학회에 관계하면서 시와 수필을 쓴 이병기 이희승, 젊은 층으로 조지훈 박목월 박두진 들의 청록파 3시인과 박남수 이한직의 문장 출신, 제일 먼저 붓을 꺾었다는 홍로작과 김영랑 이육사 한흑구, 이들의 친일문장을 필자는 현재 조사한 범위 내에서 단 한 편을 발견하지 못했다."

4) 김옥임 · 남정칠, 『식물비교도감』, 현암사, 2009, 115쪽.
이 책에는 『삼국유사』에 등장하는 모란과 선덕여왕에 관한 이야기를 소개하고 있다.

불리어졌다. 이 시가 처음 노래로 불러진 것은 1958년 KBS 프로듀서인 손석우가 곡을 붙여 당시 전속가수로 활동한 김성옥에게 준 데에서 비롯되어, 이듬해인 1959년 드라마(이경제 작)의 주제곡으로 이용되었다. 이에 앞서 김영랑이 사망(1950. 9. 29)한 다음해인 1951년 작곡가 김순애에 의해 「모란이 피기까지는」이 작곡·발표되었고, 이어 『유신 예술가곡집』(1980. 8. 1), 『한국 애창가곡 전집 : 5~6집』(2006. 6. 1), 『안치환 10집 앨범』(2010. 11. 30), 『장사익 7집 앨범』(2012. 3. 28) 등에 수록되어 꾸준히 가창되었다.

지금까지 살펴본 바와 같이 김영랑의 '모란'의 상징적 의미는 '기다림-서러움-좌절-상실감-또 다른 기다림' 등으로 요약할 수 있다. 모란이 지니고 있는 정서를 활용하여 영랑의 문학적 감성을 교감할 수 있는 인문학적 공간 개념으로 〈모란 밭〉을 제시한다.

〈모란 밭〉의 위치는 「모란이 피기까지는」의 시문학 공간이 된 영랑생가(전남 강진군 강진읍 남성리 222-1)의 일대이다. 현재 영랑생가 앞에는 〈시문학파기념관〉이 들어서 있고, 시문학관 위쪽 30여m 지점에는 영랑과 현구가 유년시절 한학을 공부했던 〈금서당〉이 현존하고 있다. 그리고 금서당 뒤쪽으로는 야트막한 북산(현재 전라남도교육청 소유)이 있다.

문화콘텐츠의 중심에 있는 모란의 의미망을 확장하기 위해서는 그것이 갖고 있는 식물적 특성을 살펴 볼 필요가 있을 것이다.

"신라의 27대 왕인 선덕여왕은 결혼하지 않고 혼자 살고 있었다. 어느 날 중국 당나라 태종이 모란 씨앗과 모란 그림을 선덕여왕에게 보내왔다. 선덕여왕은 그림 속 모란꽃에 벌이나 나비가 없는 것을 보고는 모란꽃은 향기가 없는 꽃임을 짐작하고, 선덕여왕이 남편 없이 혼자 사는 자기를 비웃기 위해 태종이 일부러 보내온 것임을 알아차렸다고 한다."

> 모란은 작약과의 초본식물로서 1～2m 정도 자라며 가지가 굵다. 잎은 잔잎 3장으로 이루어진 겹잎으로, 하나하나의 잔잎은 다시 3～5갈래로 갈라지며 잎 뒤는 흰색을 띠고 있다. 자색의 꽃이 4월말에서 5월초에 걸쳐 가지 끝에 피고 지름이 15～20cm에 이른다. 꽃잎은 8장, 꽃받침 잎은 5장이며 수술은 많고 암술은 2～6개이다. 구형(球形)의 열매는 가을에 익고 검은색 씨가 들어 있다.
>
> 뿌리껍질을 말린 목단피(牧丹皮)는 한방에서 소염·진통·정혈·고혈압 등에 쓰고 있다. 모란의 비후한 근피에는 정유와 파에오놀(paeonol)의 배당체, 파에오노사이드(paeonoside) 및 파에오놀라이드(paeonolide), 작약과 유사한 모노데르펜 유도체인 파에오니프로린(paeoniflorin), 옥시파에오니프로린(oxypaeoniflorin), 벤조일파에오니프로린(benzoyl paeoniflorin), 벤조일옥시파에오니프로린(benzoyloxy paeoniflorin)에 더하여 안식향산 및 캄페스테롤, 베타시토스테롤(β-sitosterol) 등이 알려져 있다. 또한 꽃잎에는 아스트라갈린(astragalin)이 들어 있다.[5)]

모란은 '자색의 꽃이 4월 말에서 5월초에 걸쳐 가지 끝에서 피고 지름이 15～20cm' 이른다. 강진의 영랑문학제가 이 시기에 열리는 것도 이 때문이다. 모란이 만발하는 시기(4월 말～5월 초)에 모란 밭에서 행할 수 있는 문화콘텐츠는 다양하다. 게다가 '뿌리껍질에는 정유와 파에오놀의 배당체, 파에오노사이드 및 파에오놀라이드, 작약과 유사한 모노데르펜 등의 성분을 다량으로 함유하고 있어 한방에서 소염·진통·정혈·고혈압 등에 쓰이고 있다.'는 점도 또 다른 콘텐츠로 연결할 수 있는 특성이라고 할 수 있을 것이다.

〈모란밭〉에서 관광객들의 체험을 유도할 수 있는 인문학적 공간의

5) 위의 책, 111쪽.

유형은 〈영랑시인과 모란 밭 걷기〉이다. 이 유형은 모란 밭을 상징적 상상력을 통해 인문학적 공간 개념으로 가공하는 것이다.

상징을 문화콘텐츠로 활용하는 것은 매우 인간적인 행위이라고 할 수 있다. 상징체계는 우리가 일상생활에서 사용하는 기호의 일종이기 때문이다. 퍼스는 우리가 사용하는 기호를 세 가지로 나누고 있다. 도상기호(icon), 지시기호(index), 상징(symbol)이 그것이다. 도상기호는 명함사진과 같이 대상과의 유사성에 의해 그 의미를 파악할 수 있는 기호이다. 따라서 이해가 쉽다. 도상기호는 누구나 이해할 수 있기 때문에 교통표지판 등이 많이 사용된다. 지시기호는 하나의 현상이 다른 현상을 지시하는 기호이다. 예를 들어 곰의 발자국 같은 것이다. 곰의 발자국은 단순히 자국이 아니라, 곰이 어디로 이동했는지를 지시하는 기호가 된다. 이런 지시기호는 도상기호와 달리 삶 속에서 체득해야 이해할 수 있다. 반면에 상징은 문화적 학습이 전제되지 않고서는 이해할 수 없는 기호이다. 상징 그 자체와 상징의 의미 사이에는 논리적인 연관성이 없기 때문이다. 기독교를 접해보지 못한 사람은 십자가의 상징적 의미를 파악할 수 없다. 그러므로 상징 속에는 매우 강렬한 문화적 관습과 전통 등이 개입하고 전승되게 마련이다. 그래서 모든 사물은 다른 무엇의 기호로 볼 수 있고, 인간은 바로 그런 기호를 만들고 분석하는 존재라고 할 수 있다.[6)]

상징을 어떻게 만들고 활용하는가의 문제는 그 파급력에서 매우 중요한 문화적 행위가 아닐 수 없다. 문화콘텐츠에 활용되고 사람들에게 전달되는 영랑의 '모란'의 기호 또한 다른 것의 기호가 된다. 봄이면 영랑생가 일대를 도배하다시피 한 모란의 이미지들은 식물을 넘어서는

6) 질베르 뒤랑, 진형준 옮김, 『상징적 상상력』, 문학과지성사, 2000, 17쪽.

의미의 재현과 현현이라고 할 수 있다. 모란 밭을 찾는 답사자들은 바로 그 모란이라는 기호에서 의미를 찾고 분석하며, 자신의 삶과 연관지어 사유할 것이다. 그런 의미에서 상징이란 감추어진 의미를 나타나게 만드는 하나의 재현이며, 신비의 현현[7]이라고 볼 수 있다. 영랑의 모란이 지니는 내포적 의미는 매우 다양하게 표출된다. 어떤 장소에 모란이 존재한다는 것은 그 장소가 본래 자연의 특성을 유지하고 있다는 것을 증명하는 것이다. 그래서 문명의 세계 속에 살면서도 자연과 더불어 살기를 바라는 현대인에게 모란의 존재는 더할 나위 없이 반가운 존재일 것이다. 강진에서 만나는 모란이 주는 즐거움은 단순히 희귀한 식물을 만났다는 기쁨이 아니라, 상징적 상상력을 통해 자아를 확인하는 것이다. 답사자는 의식하건 의식하지 못하건 모란에서 이런 상징적 의미를 읽어내기 때문이다.

사물을 감각해서 의미를 찾아내는 인간의 이해는 상징적 상상력을 통해 이루어지기 때문에[8] 우리들이 모란이라는 감각 대상, 즉 이미지에서 시의 의미를 읽어내는 것은 매우 자연스러운 일일 것이다.

모란의 상징성은 시적 이미지에 머물지 않는다. 원래 상징은 하나의 기표 속에 다양하고 폭넓은 기의를 함유하는 구심적인 것이다.[9] 구체적이고 정확한 기의를 전달해야 하는 보통의 기호와 달리, 상징은 그 내면적 세계 안에서 깊은 직관적 지혜를 나타낼 수 있다.[10] 그래서 모란은 식물이라는 기의를 넘어 문명화된 현실을 벗어난 이상적 현실을 상징하게 되는 것이다.

---

7) 위의 책, 29쪽.

8) 유평근・진형준, 『이미지』, 살림, 2001, 155쪽.

9) 질베르 뒤랑, 앞의 책, 16쪽.

10) 데이비드 폰태너, 최승자 옮김, 『상징의 비밀-상징과 그 의미를 푸는 시각적 열쇠』, 문학동네, 1988, 8쪽.

이 밖에 체험의 유형으로 〈시인의 마을 고샅 둘러보기〉가 있다. 이 콘텐츠는 영랑생가를 기점으로 하여 강진 읍내 전역으로 문학 공간을 확대하는 개념이다. 김영랑이 태어나고 「모란이 피기까지는」의 창작 공간이 되었던 〈영랑생가〉를 출발하여 영랑과 현구의 서당이었던 〈금서당〉을 거쳐 〈시문학파기념관〉에 이르면 두 시인의 유품과 친필을 만날 수 있다. 여기에서 강진군청으로 이어지는 200여m의 돌담길은 영랑의 「돌담에 속삭이는 햇발같이」의 문학공간이면서 도회지 사람들의 향수를 자아내게 할 것이다. 더불어 영랑의 민족의식의 숨결을 체감할 수 있는 강진읍 시장[11]을 지나 영랑의 모교인 강진중앙초등학교(옛 강진보통학교, 영랑은 4회 졸업생) 교정에 다다른다. 소요 시간은 도보로 1시간 30분 정도이다. 〈시인의 마을 고샅 둘러보기〉 순례코스는 김영랑의 시세계로 대별되는 서정적 정취와 그의 민족의식을 엿볼 수 있는 체험형의 문화공간이라고 할 수 있다.

나. <남도문학 탐방길>의 감성 체험

인간은 여행하는 존재들이다. 탄생으로부터 유년기를 거쳐서 청년기, 장년기, 노년기에 이르는 장대한 과정은 인간에게 부여된 하나의 긴 여행이라 말할 수 있다. 따라서 길을 따라가며 여행하는 인간의 운명은 길 위에서 시작하여 길 위에서 끝을 맺는 운명에 놓여 있다고 할 수 있다. 길은 공간적인 의미와 함께 시각적인 의미도 아울러 가지고 있는 것이다. 같은 길이라도 어느 곳을 향해서 걸어가느냐에 따라 삶의 지향점이 달라지기 때문이다.

여행에 대한 인문학적 속성은 문학에서 떠남의 모티프와 탐색과정으

11) 강진읍 재래시장 입구에 김영랑의 글씨를 집자해 새긴 '1919년 강진 4·4 만세운동 터'라는 표지석이 있다.

로 나타난다. 새로운 것에 대한 발견과 탐구를 지향하는 인간은 여행을 통해 낯선 곳에서 새로운 삶을 깨닫고자 한다. 그러므로 떠남을 기본으로 하는 여행도 사실은 돌아오기 위해 떠나는 것이다. 그리고 우리는 다시 떠나기 위해서 돌아오는 것이기도 하다. 떠남과 돌아옴의 반복과 어우러짐은 곧 우리 생의 전체로 확장되면서 진정한 떠남과 돌아옴이란 무엇인가를 깨닫게 한다. 자신만의 상징적 공간을 갖고 싶은 것이 여행의 목적이며, 그 공간에서 자신만의 생에 대한 통찰을 보여주려는 것이 여행을 테마로 한 문학적 가치일 것이다.

> 길은 온니 원(Only One)을 추구하는 사람이 가는 방법이고, 도로는 베스트 원(Best One)을 추구하는 사람이 가는 방법이다. 도로는 가급적 빨리 가는 통로지만 길은 천천히 가는 여정이다. 짧은 시간에 빨리, 그리고 멀리 데려다주는 수단으로서의 도로는 속도와 효율성이 생명이다. 하지만, 길을 가는 여정에서는 효율이 문제되지 않으며, 속도의 논리가 통용되지 않는다. 소설가 김훈은 도로와 길의 차이점을 명쾌하게 설명한다. "고속도로에서는 출발지와 목적지 사이의 여정이 축적되지 않는다. 서울과 부산 사이가 증발해버린다. 서울이 있고 그 다음이 부산이다." 도로는 출발지와 목적지, 그리고 그 사이에 존재하는 거리와 여정의 장면들을 속도의 논리로 증발된다. 속도 앞에 포로가 된 현대인들은 과정의 여유와 느림의 미덕을 상실한 지 오래다. 자동차로 빠르게 달리는 쾌감은 느끼지만 자신을 둘러싼 도로 주변의 풍광으로부터 소외된다. 속도가 가져다주는 쾌감이 능률과 절약이라는 자본 논리를 옹호하지만, 속도의 본질은 속도를 내고 있는 도로와 인접한 모든 공간적 관계로부터 자신을 소외시키고 있다는 점을 명심할 필요가 있다.
>
> 도로는 겉으로 드러난 물리적 길을 의미하지만, 길은 물리적 길 뿐만 아니라 눈에 보이지 않는 정신적인 길까지 포함한다. 내가 가고

> 싶은 길은 다른 사람이 이미 걸어간 길 즉, 도로에서 찾을 수 없다. 길 밖의 길을 가야 가슴이 뛰고 삶의 보람과 가치를 찾을 수 있다. 또한 길은 밖에 있지 않고 안에 있다. 내가 가고 싶은 길은 밖에 존재하지 않고 이미 내 마음속에 있다. 안으로 들어가는 문이 좁아 처음에는 여기저기 밖을 향해 나가보는 것이다. 거기에는 내가 원하는 답이 없다. 마음속에 간직되어 있는 길을 찾아 마음이 끌리는 대로 끊임없이 흘러가는 과정이 바로 꿈의 목적지에 도달하는 방법이다.[12)]

또 하나의 유형으로 인문학적 상상력을 가미한 〈남도문학 탐방길〉의 감성 체험을 들 수 있다. 〈남도문학 탐방길〉은 강진과 장흥, 해남지역의 문학리소스를 연결하는 문학의 길이다. 〈남도문학 탐방길〉은 작품 공간에서의 문학적 체험과 사유를 유발시킴으로써 답사자의 인문학적 공감대를 끌어낼 수 있을 것이다.

〈남도문학 탐방길〉의 감성 체험은 ① 강진의 시문학파기념관을 출발하여 ② 금서당(영랑과 현구 시인이 어린 시절 다녔던 서당) ~ ③ 영랑생가(중요민속자료 제252호) ~ ④ 탑골 샘 ~ ⑤ 현구생가 ~ ⑥ 사의재(다산 정약용의 첫 유배지) ~ ⑦ 장흥 천관문학관 ~ ⑧ 이청준 생가 ~ ⑨ 한승원 집필실 '해산토굴' ~ ⑩ 송기숙 생가 ~ ⑪ 해남 김남주 생가 ~ ⑫ 고정희 생가 ~ ⑬ 고산 윤선도 고택을 연결하는 감성의 길이다. 답사자들은 나름대로의 특성을 지닌 이들 세 지역의 문학공간을 기행하면서 인문학적 사유와 풍요로운 삶의 질을 체감할 수 있을 것이다. 〈남도문학 탐방길〉의 공간적 특성은 다음과 같다.

1) 시문학파기념관

시문학파기념관은 전남 강진군 강진읍 남성리 222-2 영랑생가 앞에

---

12) 유영만, 「도로와 길」, 『전자신문』, 2012. 3. 5.

있다. 강진군이 총 사업비 30억 원을 들여 2012년 3월 5일 개관한 문학관은 1층에는 20세기 도서관과 학예연구실・세미나실을, 2층에는 전시실・북 카페・쉼터 테라스 등을 갖췄다. 전국적으로 문학관[13]은 많이 건립되었지만, 우리나라에서 문파(文派)를 기념하는 문학관은 이곳이 최초이다.

문학관에 들어서면 우측으로 '한눈으로 보는 한국 현대시사'라는 도표가 눈에 띈다. 우리나라 근대시의 효시라고 할 수 있는 1908년 육당 최남선이 『소년』 지에 발표한 「해에게서 소년에게」부터 현대에 이르기까지 한국 시문학사의 주요 분기점을 정리해 놓은 도표이다. 그 옆에는 『시문학』 창간 당시의 상황을 일목요연하게 정리해 놓았다. 일본 유학 시절 영랑 김윤식과 용아 박용철이 만난 과정에서부터 한국 시문학사의 한 획을 그은 시 동인지의 창간과 관련한 뒷이야기 등이 현실감 있게 재현하고 있다.

기념관의 동선을 따라가면 시문학에 관한 다양한 볼거리와 읽을거리가 풍성하다. 『시문학』 창간 당시의 주요 신문기사, 시문학파 전후의 대표적 문학유파, 그리고 시문학파 전후의 주요 시인들을 사진과 곁들여 설명하고 있다.

문학관의 중심이라고 할 수 있는 '시인의 전당 코너'에는 시문학파 시인들의 사진과 유품, 친필, 저서 등을 전시해 이들의 삶과 문학세계를 체감할 수 있도록 하였다. '시인의 전당'을 돌아 출구에 이르면 시문학파 자손들의 인터뷰 동영상이 흐르고, 한켠에는 시문학파 시인들의 시가 애니메이션으로 각색되어 관람객을 맞는다.

---

13) 한국문학관협회가 발행한 『전국문학관 찾아가기-문향을 찾아서』(2011)에는 58개소가 회원문학관으로 참여하고 있다. 이 가운데 시문학파기념관을 제외한 57개의 문학관이 작가 개인의 문학적 성과를 기리고 있다.

또한 1층 '20세기 시문학도서관'에는 국내 유일본 『신문계』(1916)를 비롯해 학술문예지 『여명』(1925)과 『여시』(1928) 창간호, 최초의 번역시집인 김억의 『오뇌의 무도』(1923), 『시문학』(1930), 『문예월간』 종간호(1932) 등 5천여 권의 희귀본이 소장돼 있다. 이 가운데에는 『현대문학』 창간호(1955)를 비롯해 『자유문학』(1956), 『신문예』(1958)와 광주에서 발행된 『순문학』(1959) 등 각종 문예지 창간호 21종이 포함돼 있어 1950년대 문학사 연구에 귀중한 자료가 되고 있다.

2) 금서당

금서당(琴書堂)은 전남 강진읍 남성리 222-1번지에 있는 강진 신교육의 발상지이다. 금서당은 본디 이 지방 선비들이 학문을 논하고 양반 자제들에게 학문을 가르치던 서당이었다. 그러나 일본 강점기인 1905년 지방 유지들이 뜻을 모아 자제들의 교육을 위해 사립금릉학교(私立金陵學校)로 이름을 바꾸고 규모를 키웠다. 김영랑과 김현구는 어린 시절 바로 이 곳에서 한문을 공부했다. 1909년 8월에 강진공립보통학교가 개설되고 영랑은 4년제이던 이 학교에 1911년 입학하여 1915년 졸업하였다. 이때 금서당은 지금의 해남세무서 강진지소인 객사로 확장되었고, 1926년 다시 강진읍 평동으로 이전하였다. 따라서 금서당은 강진중앙초등학교의 모태가 된 셈이다.

금서당은 한동안 폐허로 방치되어 있었는데, 1950년 이후 완향 김영렬 화백이 반파된 건물을 보수하고 주변을 정리하여 작품 활동의 공간으로 삼았다. 금서당에는 김 화백이 생전에 그렸던 작품이 소장되어 있으며, 현재 그의 가족이 거주하고 있다.

3) 영랑생가

영랑생가는 전남 강진군 강진읍 남성리 211-1번지에 있다. 이 집은 우리나라의 대표적 서정 시인이요, 민족 항일시인이요, 독립운동가인 '모란의 시인' 영랑 김윤식 선생(1903~1950)이 출생한 곳이다. 영랑은 1903년 1월 16일 이곳에서 부친 김종호와 모친 김경무 사이에서 2남 3녀 중 장남으로 태어나 1948년 서울로 이사할 때까지 46년을 이 집에서 살았다.

현재의 영랑생가 모습은 영랑이 서울로 이거한 후 몇 차례 전매되었으나 1985년 12월에 강진군에서 이를 매입하여 1986년 2월 지방기념물로 지정·관리하였다. 이후 가족들의 고증을 얻어 1992년 원형대로 복원하였고, 2007년 10월 중요민속자료 제252호로 지정되었다.

4) 탑동 샘

탑동 샘은 전남 강진군 강진읍 남성리 영랑생가와 현구생가 사이에 있는 공동우물이다. 1980년대까지만 해도 이 샘은 탑동 주민들의 소통의 공간이자 문화의 공간이었다. 이 샘은 지금도 원형이 그대로 보존되어 있어 영랑생가 및 돌담과 더불어 답사자들에게 볼거리를 제공하고 있다.

5) 현구생가

현구생가는 전남 강진군 강진읍 서성리 179번지에 있다. 정원을 비롯한 가옥의 형태가 그대로 보존되어 있는 생가는 현재 타거주자가 있어 방문이 쉽지 않다. 이 집과 더불어 현구의 유적으로는, 그가 결혼하여 분가해서 살았던 고택이 서성리 214번지에 있다. 이 집은 현구생가와 골목길 하나 사이의 거리에 있다.

6) 사의재

사의재(四宜齋)는 전남 강진군 강진읍 동성리 495-1번지에 있는 초막으로서, 다산 정약용이 1801년 11월 23일 강진에 와서 처음 묵은 곳이다.

사의재라는 뜻은 골방 하나를 거처로 삼은 다산이 몸과 마음을 새롭게 다잡고 교육과 학문 연구에 헌신키로 다짐하면서 붙인 이름으로, '네 가지를 올바로 하는 이가 거처하는 집'이라는 말이다. 다산은 네 가지 즉, '생각을 맑게 하되 더욱 맑게, 용모를 단정히 하되 더욱 단정히, 말(언어)을 적게 하되 더욱 적게, 행동을 무겁게 하되 더욱 무겁게' 할 것을 스스로 주문하였다.

사의재는 창조와 희망의 공간이다. 사려 깊은 주모의 "어찌 그냥 헛되이 살려 하는가? 제자라도 기르셔야 하지 않겠는가?" 라는 얘기에 자신을 새로 추스른 다산이 1802년 10월 최초의 제자 황상을 시작으로 많은 제자를 이 집에서 길러냈다. 다산은 1801년 겨울부터 1805년 겨울까지 이곳에서 머물면서 『경세유표』와 「애절양」 등을 집필하였다.

강진군은 오랜 고증을 거쳐 2007년 여름 동문 안쪽 우물가 주막을 원형 그대로 복원하여 '동문매반가(東門賣飯家)'라고 간판을 붙이고, 현재 매생이전과 동동주 등 토속음식을 판매하는 현대판 주막을 운영하고 있다. '동문매반가'라는 말은 '동문에서 밥을 파는 집'이란 뜻이다.

7) 천관문학관

천관문학관은 전남 장흥군 대덕읍 연지리 산 109-22번지에 있다. 이곳에는 작가 이청준을 비롯하여 장흥출신 문인들의 육필 84점과 치인 이봉준 선생의 서예작품 등을 전시하고 있다. 특히 문학관에서 탑산사로 향하는 길목에는 50여개의 문학비가 조성되어 문학의 정취를 느끼게 한다. 특히 등산로로 이용되는 이 길목(3km)에는 조형성이 높은 400여 개의 돌탑을 쌓아 또 다른 명소를 만들었다.

8) 이청준의 문학자리

이청준의 문학자리는 전남 장흥군 회진면 진목리 갯나들 마을에 있다. 미백 이청준의 문학정신을 기리기 위해 마련된 문학 자리에는, 가로 세로 7m 크기의 돌판 위에 선생이 직접 그린 문학지도가 그려져 있다.

문학 자리 앞에서 보면, 이청준의 작품 「눈길」, 「선학동 나그네」의 무대가 되었던 드넓은 득량만이 펼쳐져 있다. 진목마을 입구에서 표시판을 따라 골목으로 들어가면 이청준의 생가가 나온다. 방에는 그의 사진과 유물들이 놓여 있고, 마당에는 장독대가 있다. 이청준 생가 옆 용산면 남포마을은 영화 〈축제〉의 배경이 되었던 곳이다. 남포는 고즈넉한 해변마을로, 마을 앞에는 소나무 몇 그루가 서 있는 소등섬이 자리하고 있다.

9) 한승원의 집필실 '해산토굴'

작가 한승원의 집필실 '해산토굴'은 전남 장흥군 안양면 율산 마을에 있다. 한승원은 50대 중반 17년의 서울살이를 정리하고 '어머니의 자궁' 같은 고향 바다로 돌아와 득량만이 한눈에 내려다보이는 곳에 '토굴(집필실)'을 마련하였다. 실제 거처가 '토굴'은 아니지만, 스님이 수행하듯 글쓰기에 몰두하겠다는 작가의 의지를 담아 자신의 호인 '해산'을 붙여 '해산토굴(海山土窟)'이라고 명명한 것이다.

그의 집필실 아래의 여닫이 해변에는 '한승원 문학 산책로'가 개설되었다. 여기에는 그에게 '마르지 않는 문학의 샘'이자 '창작의 고향'인 장흥의 해변을 따라 바다를 주제로 한 한승원의 글들이 비석에 새겨져 있다.

10) 송기숙 생가

작가 송기숙의 생가는 장흥군 용산면 포곡리인데, 지금은 고종사촌이 살고 있다. 마을 앞에는 장흥군에서 세워놓은 '문림의 고향 -장흥의 문학인' 안내판이 세워져 있는데, 안내문을 요약하면 다음과 같다.

민중의 삶의 실상을 그려낸 민족문학 소설가 송기숙(宋基淑)은 전남 장흥군 용산면 포곡리에서 태어났다. 이 동네는 팔 명당이 있다고 할 만큼 산세가 수려하여 장사와 문인이 많이 났다. 이 집은 선생이 초등학교 때부터 살았던 곳이다. 선생은 이 집에서 자포치재를 넘어 계산초등학교와 장흥 중·고등학교를 다녔다. 선생이 여러 작품에서 보인 치열한 민중적 상상력의 바탕은 바로 이 동네였으며, 투철한 민족의식과 민중의식 또한 이 동네에서 자라며 체득한 것이다.

민족문학의 중추적 역할을 담당해온 선생의 문학적 성취는 물론 70, 80년대 민주화 운동의 선봉에 섰던 의기와 그 정신적 뿌리도 바로 이 곳이다.

11) 김남주 생가

김남주의 생가는 전남 해남군 삼산면 봉학리에 있다. 그는 이 집에서 초등학교와 해남중학교를 다녔으며, 「진혼가」와 「잿더미」 등 7편의 시를 『창작과비평』 여름호(1974)에 발표하여 문학 활동을 시작한 곳도 이 집이다. 1980년 남민전 사건으로 징역 15년을 언도받고 복역 중 1984년 첫 시집 『진혼가』를 출판하였다. 1988년 12월 형집행정지 처분을 받고 9년 3개월 만에 석방된 김남주는 1992년 췌장암 등으로 건강이 악화되

어 1994년 2월 13일 별세했다. 광주 망월동 5·18 묘역에 안장되었다

현재 그의 동생이 살고 있는 생가에는 집필실과 그의 손때가 묻은 도서들이 전시되어 있으며, 안채 옆으로 시비와 감호소가 설치되어 있어 영창체험을 할 수 있도록 했다. 매년 가을 생가에서는 김남주기념사업회에 의해 〈김남주 문학제〉가 열리고 있다.

12) 고정희 생가

고정희 생가는 전남 해남군 삼산면 송정리에 있다. 대문을 들어서면 마당 왼쪽에 고정희의 유품만으로 집안을 꾸민 '남정헌(南汀軒)'이 있고, 안쪽으로는 시인의 오빠가 거주하고 있다.

1948년 1월 이 집에서 태어난 고정희는 스무 살 무렵까지 이곳에서 머물면서 문학소녀로서의 꿈과 희망을 키웠다. 이러한 뿌리가 그의 초기 시에 향토적 서정이 짙은 시의 근원이 되기도 한다.

한국신학대학을 졸업한 고정희는 1975년 박남수의 추천으로 『현대문학』에 「연가」, 「부활 그 이후」를 발표하면서 문단에 데뷔했다. 1979년 첫 시집 『누가 홀로 술틀을 밟고 있는가』 이후, 『초혼제』, 『눈물꽃』, 『지리산의 봄』 등의 시집을 냈으며, 1991년 6월 43세의 나이로 지리산 등반도중 실족사 하였다. 매년 여름이면 그의 생가에서는 고정희기념사업회 주관으로 〈고정희 문학제〉가 열리고 있다.

13) 해남 녹우당

녹우당은 전남 해남군 해남읍 연동리 82번지에 있다. 녹우당은 고산 윤선도의 고택으로, 전남지역에 남아 있는 민가 가운데 가장 규모가 크고 오래된 집이다. ㅁ자형을 이루며 안뜰을 둘러싼 안채와 사랑채를 중심으로 문간채가 여러 동 있고, 집 뒤편 담장 너머에 추원당(제각)이

있으며, 그 동쪽에 해남 윤씨의 중시조인 어초은공 윤효정과 윤선도의 사당이 있다. 집안으로 들어가면 작은 연못과 정원 등이 가꾸어져 있다.

고산 윤선도는 42세 때 봉림대군(후에 효종)과 인평대군의 사부가 되었는데, 효종은 즉위 후 윤선도를 위해 수원에 집을 지어 주었다. 효종이 죽자 1668년 수원 집의 일부를 뜯어 옮겨온 것이 현 고택의 사랑채로, 원래는 이 사랑채의 이름이 '녹우당'이나 지금은 해남 윤씨 종가 전체를 통틀어 그렇게 부른다. 집 뒤 산자락에 우거진 비자 숲이 바람에 흔들릴 때마다 비가 내리는 듯한 소리가 들린다고 해서 녹우당이라고 불렀다. 이 집은 형식과 규모면에서 호남의 대표적인 양반집으로 인정되어 사적 제167호로 지정되었으며, 현재 녹우당에는 윤선도의 종손이 살고 있다.

이 곳 유물전시관에는 보물 등 4,600여점이 전시되어 있다. 대부분 윤선도와 그의 증손인 공재 윤두서와 관련된 것들로, 그 중에는 노비문서(보물 제483호), 윤두서 자화상(국보 제240호), 해남윤씨 가전고화첩(보물 제481호), 윤고산 수적 관계문서(보물 제482호) 등도 포함되어 있다. 또한 녹우당 입구에는 500여년 된 큰 은행나무가 있으며 뒤편 덕음산에는 천연기념물 제241호인 비자나무숲(수령 500년 가량 400여 본)이 있다.

2. 축제의 유형

가. 지역 콘텐츠로서의 <탐진나루 축제>

김현구가 시 속에서 가장 많이 취한 소재는 강진의 강과 바다, 또는 거기에 관련된 섬이나 개펄, 배 등의 시어일 것이다. 따라서 남녘 바다의 온화한 풍광, 바다로 향한 탐진강은 현구 시의 출발점이라고 할 수 있다.

탐진강은 장흥과 강진을 흘러 남해로 흘러드는 강으로서, 길이 51.5 km, 유역면적 862.5km^{2}으로 일명 납양강(納陽江)이라고도 한다. 전라남도 3대 강의 하나인 탐진강은 용반평야 · 부산평야 · 장흥평야 · 강진평야를 형성하고 있다. 탐진강의 지명 유래는 신라 문무왕 때 탐라국 고을나(高乙那)의 15대손 고후 · 고청 등의 형제가 구십포(九十浦)에 상륙하였다는 전설에 연유하여 탐라국의 '탐(耽)'자와 강진(康津)의 '진(津)'를 합하여 탐진(耽津)이라 부르게 되었다.[14]

한숨에도 불녀갈 듯 보-하니 떠잇는
은ㅅ빗 아지랑이 깨여흐른 머언 산ㅅ둘네
굽이굽이 노인길은 하얏게 빗납니다
님이여 강물이 몹시도 퍼럿슴니다

헤어진 성ㅅ돌에 떨든 해ㅅ살도 사라지고
밤비치 어슴어슴 들우에 깔니어 감니다
훗훗달른 이얼골 식여줄 바람도 업는 것을
님이여 가이업는 나의마음을 아르십니까

〈김현구의 「님이여 강물이 몹시도 퍼렇습니다」 전문〉

위의 시 「님이여 강물이 몹시도 퍼렇습니다」는 『시문학』 2호(1930. 5. 20)에 실린 김현구의 등단작으로서, 그 공간의 기원은 강진의 앞바다이다. 이 바다는 실재 공간(탐진강과 강진만)을 의미하기도 하지만, 사

---

14) 문병일, 앞의 책, 33쪽.

람들 사이의 단절된 관계, 혹은 삶에 대한 비관적인 인식이 드러나고 있다.[15)]

화자는 강진의 동쪽에서 남쪽으로 흐르는 강물을 바라보며 거기에 '홋홋 달른 이 얼골'과 '가이업는 나의 마음'을 실어 표현하고 있다. 현구가 내면화된 강물의 공간에 구체성을 띤 주변의 강물을 투사하여 근원적인 이미지를 연출하였다고 볼 때, 그것은 그가 보고 자란 향리의 강물일 것이다. 공간을 보다 구체적으로 드러내자면, 그것은 장흥에서 강진읍을 거쳐 바다로 흘러 들어가는 탐진강의 '몹시도 퍼런 강물'인 것이다.

물은 하나의 육체와 영혼과 목소리를 가졌다는 바슐라르의 말과 같이 '물'의 언어는 시적 실재임은 말할 것도 없다. '물'은 사람에게 노래하고 말하는 것을 가르쳐 주었을 것이라는 근원적 사고에까지 이르지 못했다손 치더라도 파란 바다와 강물의 공간은 많은 시인에게 무진장한 언어의 광맥을 이루어 온 것은 사실이다.[16)] 이러한 '물'의 목소리는 현구의 경우도 마찬가지다. 그가 태어난 강진읍 서성리 앞을 흐르는 탐진강은 어머니의 젖줄과도 같이 온유하고 낭만이 안개처럼 서리어 있다. 따라서 현구가 말하는 '강물'의 공간은 숱한 몸짓과 밀어가 있고, 나아가 세상에서 받은 상처를 치유할 수 있는 유일의 공간인 것이다.

또한 강(江)이 갖고 있는 상징성을 유교적 관점에서 접근하면, 강은 사대부들에게 있어서 인생의 섭리와 자연 순리의 관념을 도출해내는 매개물이다. 그래서 강은 유교적 이념의 질서 아래 선비다운 기품이나 유유자적한 관조, 그리고 청아한 지조 등으로 이상화되어 안정을 표현한 정서로 나타난다.[17)] 그리고 강은 우물과 못(池), 바다 등과 더불어

15) 김선기, 『남도 현대 시문학의 산책』, 전남대출판부, 2007, 45쪽.
16) 김학동, 「현구 김현구론」, 『현구 김현구 전집』, 중앙인쇄, 2002, 106쪽.

수신(水神)이 거처하는 곳으로 인식되어, 고대 국가에서는 강에 제사를 지내기에 이르렀다. 강은 하나의 성역으로서, 신앙으로서 신앙의 대상이 되었음을 의미한다. 고구려는 3월 3일이면 낙랑의 언덕에 모여 돼지와 사슴을 잡아 산천(山川)에 제사를 지냈고, 신라에서도 삼산오악(三山五岳)과 명산대천(名山大川)에 제사를 지냈다. 이것은 고려에도 전승되어 '팔관(八關)'은 하늘과 명산대천, 동신(洞神)을 섬기기 위한 것이라 하였다. 그 결과 산천단(山川壇)이나 산천성황(山川城隍) 등의 제도가 확립되었다. 그리고 산천의 신에게 바쳐지는 제사는 국가의 관리 하에 엄격한 규제를 하였고, 대궐 안에 산천단을 두고 왕이 제사를 주관하기도 하였다.[18] 이처럼 강은 신의 거처로 중요한 신앙의 대상이었다.

> 푸른바다 하-얀 물새
> 모래밭 자란 풀아
> 떠나가는 내마음에
> 이제야 그립드냐
>
> 저먼바다 물결위에
> 떴다졌다 백구노래
> 혼자앉아 듣던 정을
> 못잊어 눈물일레
>
> 〈「작별」 전문〉

> 내 마음은 물위에 뜬 갈매기 설운 갈매기
> 날마다 날마다 아득한 물결새에 떴다 잠겼다

---

17) 이어령, 『한국문화상징사전 1』, 동아출판사, 1992, 18쪽.
18) 위의 책, 16쪽.

외롬이 자저 푸른그림자 흐른 물에 떨치고
하늘에 솟아 끝없는 한탄을 노래하노니

〈「갈매기」 전문〉

현구의 두 편의 시는 다 같이 바다 위를 나는 갈매기를 노래하고 있다. 「작별」은 흰 갈매기들이 향리의 앞바다에서 떠나가는 안타까움을 노래한 것이라면, 「갈매기」는 현구의 고독한 마음을 '설운 갈매기'에 비유하고 있다. 모두가 영탄적이며 자신의 감상을 토로하고 있는 것으로 현구와 바다와의 관계, 이것은 곧 그를 둘러싼 자연환경이기도 하다. 따라서 '강'과 '바다'는 그로 하여금 고향을 환기시켜주는 원초의 물질로서 그의 존재와 합치하고 있는 것이다.

위에서 살펴본 바와 같이 현구의 시는 모두 '물'의 이미지와 관련된 것들이라 할 수 있다. 물은 영원한 생명의 근원이다. 거기에는 언제나 어머니가 살고 있다. 어머니는 한없이 부드럽고 따스하며 섬세한 존재이다. 그래서 바슐라르는 바다는 모든 인간에게 있어서, 모성적 상징 가운데 가장 크고 변하지 않는 것의 하나[19]이며, 또한 물은 우리에게 하나의 육체와 혼과 목소리를 가지고 있는 전체적 존재[20]라고 하였다. 물은 시인에게 수많은 노래와 시를 가져다준다고 하겠다.

문학공간은 공시적, 통시적 방법에 의해 그 연구의 지평을 넓힐 수 있다. 즉, 주제론적 탐색과 문학사적 접근이 그것이다. 문학공간은 단순히 소재적인 부속물이 아니고 작품의 의미를 심화, 확대하면서 작가의 세계관을 수립시키는데 기여한다. 바슐라르에 따르면, 강은 소유되는 공간, 적대적인 힘의 방어 공간, 사랑받는 공간, 이러한 공간들의

19) 가스통 바슐라르, 이가림 옮김, 『물과 꿈』, 문예출판사, 1988, 164쪽.
20) 위의 책, 27쪽

인간적인 가치를 규명하는, 장소 애호(topophilie)라는 명칭을 부여할 만한 작업이다.[21] 따라서 현구의 '강물'은 바슐라르가 지적한대로 소유의 공간이자, 방어의 공간이요, 사랑과 치유의 공간으로 의미를 심화, 확대할 수 있을 것이다.

현구의 시 「님이여 강물이 몹시도 퍼렇습니다」의 공간적 배경이 된 탐진강변(강진군 군동면 석교리 둔치)에서는 매년 7월 말에서 8월 초 사이에 〈탐진강 은어축제〉가 열린다. 강진군이 2011년까지 8회째 개최한 이 축제는 청정한 탐진강에서 잡은 은어가 조선시대에 임금께 진상되었다는 것에 주목하여 은어를 지역특산물화 하고, 친환경 체험중심의 축제로 발전시켜 온 지역축제이다.[22]

> 제8회 탐진강은어축제(은어축제추진위원장 김강민)가 7월 30일부터 8월 2일까지 4일간 강진군 군동면 탐진강변 석교둔치공원에서 열린다. 문화체육관광부가 선정한 2011 대한민국 대표축제인 제39회 강진청자축제(7.30~8.7)와 장흥 정남진물축제(7.30~8.4)와 함께하는 제8회 탐진강은어축제는 청정수역에서만 사는 은어를 주제로 다양한 볼거리와 즐길거리, 먹을거리를 한데 모아 여름휴가에 나선 가족들이 소중한 추억을 담아 갈 수 있도록 준비에 한창이다.
>
> 특히, 이번 축제는 탐진강 은어의 서식 변천과정을 통해 은어의 생태를 한 눈에 알아볼 수 있는 '은어 생태관' 운영과 축제 기간 동안 오후 1시, 1일 1회 무료셔틀버스를 타고 파프리카 농장~신기된장마을~절임배추가공공장을 견학, 체험하는 '농촌 체험장' 운영은 어린이들의 방학숙제로 안성맞춤이다. 또 어린이 풀장, 수상 자전거, 오리배 타기, 탐진강 강변 자전거 투어, 은어맨손잡기, 메기·장어 반

---

21) 가스통 바슐라르, 곽광수 옮김, 『공간의 시학』, 민음사, 1990, 108쪽.

22) 강진군청 홈페이지 참조(www.gangjin.go.kr)

> 두잡기, 뗏목 강 건너기 체험, 떡메치기, 짚공예 체험, 전통 메주 만들기, O.X 퀴즈 등 4개 분야 21개 프로그램이 다채롭게 펼쳐진다.
>
> 이외에도 통기타 가수 공연, 악기 연주회, 관광객과 함께하는 노래자랑, 청소년 어울마당, 밴드공연 등 한여름 밤을 아름답게 수놓을 다양한 무대공연이 준비되어 있으며, 송아지와 지역특산품 등 다양한 경품행사도 마련된다.
>
> 한편 강진군과 장흥군은 30일부터 다음달 4일까지 강진청자축제장~탐진강은어축제장~장흥 물축제장 구간을 무료로 오전 10시부터 저녁8시까지 관광객을 위해 1일 10회 운행한다.[23]

위의 인용문은 강진군이 개최하고 있는 탐진강 은어축제의 취지와 행사를 소개하고 있다.

그동안 장소적 개념에 머물러 있는 〈탐진강 은어축제〉를 현구의 문학공간과 접목하면 새로운 문화공간의 개념으로 거듭 태어날 수 있을 것이다. 그 유형으로 〈탐진나루 축제〉를 제시하고자 한다. 이 축제는 인문학적 상상력을 통해 장소의 개념을 공간의 개념으로 의미를 전환한 것이다. 바슐라르의 말처럼, 시인이 제공한 말의 행복[24]을 '탐진강'이라는 또 다른 가공의 공간에서 드라마 같은 시인의 생애와 정신세계를 체험할 수 있을 것이다. 콘텐츠의 축은 문예백일장을 겸한 탐진강변에서의 현구문학제와 기존의 은어축제를 통합하는 유형이다. 의미화된 복합공간에서 자연친화적인 경험(은어잡기, 뗏목타기, 강변 자전거투어 등)과 인문학적 경험(현구문학제)을 통해 인간의 삶에 풍요로움을 제공할 수 있을 것이다.

---

23) 『연합뉴스』, 2011. 7. 24.

24) 가스통 바슐라르, 앞의 책, 13쪽.

이와 연계한 문화콘텐츠로 〈현구시인의 그림자밟기〉가 있다. 현구의 생가는 영랑생가와 불과 100여m 떨어진 곳에 위치해 있다. 김현구가 태어난 생가를 시작으로 금서당(유년시절 영랑과 한문 수학)~북산 비둘기바위(현구의 사색 공간과 「검정 비둘기」의 창작 공간)~시문학파기념관(현구의 유품 및 저서 소장)~옛 강진읍사무소(1940년대 현구의 일터)~강진중앙초등학교 교정(옛 강진보통학교, 현구의 모교)~옛 낙화정 터(「낙화정」의 창작공간, 1950년 10월 3일 현구가 인민재판을 받았던 장소)~낙화정 뒤 솔밭(현구가 좌익에 의해 죽창으로 죽임을 당한 곳)을 하나의 순례코스로 삼는 것이다. 여기에 소요되는 시간을 1시간 30여분 내외로, 김영랑과 더불어 1930년대 시단을 풍미했던 김현구의 시적 상상력과 삶의 여정을 체감할 수 있을 것이다.

나. 연계 콘텐츠로서의 <남도문학축전>

주 5일제 근무의 확산과 소득 수준의 향상으로 사람들의 욕구가 다양해지고, 소비자는 자신의 필요와 취향에 따라 상품을 선택하고 있다. 생산자들은 이에 부응하여 소비자의 심리와 구매 양식 등의 분석을 통해 고객 맞춤형 상품을 앞 다퉈 개발하고 있다. 문화예술분야에서도 마찬가지이다. 최종 문화향유자인 소비자는 문화산업 주체가 제공하는 다양한 문화상품을 즐기거나 문화예술지원(문화마케팅)의 기회를 제공받아 삶의 질을 향상시킨다.[25)]

외국의 경우는 작가나 문학작품을 테마로 하는 축제가 활발하게 진행되고 있다. 그 대표적인 예로 영국의 셰익스피어 탄생축제(Stratford-Avon)〉를 들 수 있다. 왕립셰익스피어사(Royal Shakespeare Company)에서 주관하는 이 축제는 셰익스피어의 생일인 4월 24일을 전후하여

---

25) 김평수 외, 『문화콘텐츠 산업론』, 커뮤니케이션북스, 2007, 52쪽.

개최되는데, 그 행사 프로그램으로는 작품 상연을 기초로 하여 지역 대학과 연계한 각종 강좌를 개설하는 등 문화축제로서의 면모를 갖추고 있다. 이와 함께 캠브리지에서도 셰익스피어축제가 열리는데, 이는 7월부터 8월에 걸쳐 셰익스피어의 작품을 상연하고 각종 문학세미나를 개최하는 등 문학축제를 통해 대학 도시의 정체성을 살리고 있다.

아일랜드에서 매년 6월 16일을 전후로 개최되는 〈리조이스 더블린(Rejoyce Dublin) 페스티벌〉도 대표적인 문학축제이다. 이 축제의 다른 이름은 〈블름스 데이(Bloomsday)〉인데, 아일랜드 출신 작가 제임스 조이스의 『율리시스』의 주인공 레오폴드 블름의 행적을 따라서 더블린 시내를 누비는 행사가 진행되기 때문이다. 이외의 행사 프로그램으로 조이스 관련 국제 심포지엄 등이 있다.[26)]

이러한 외국의 사례들은 우리나라 문학축제가 지향해야 할 바를 제시한다고 볼 수 있다. 지역 문학축제는 말 그대로 그 지역만의 정체성을 표현할 수 있는 행사가 되어야 한다. 다른 지역에서도 관람할 수 있는 행사, 다른 축제와 변별력이 없는 프로그램으로 외부 관광객을 유치하기는 힘들다는 것이다. 아울러 지역의 특산물이나 먹거리만으로 축제의 정체성을 구축하겠다는 인식도 역시 개선되어야 할 부분이다. 관광객을 유인하는 요소가 볼거리, 놀거리, 살거리, 먹거리인데, 그 중 한 가지만으로 효력을 발휘하기 힘들다. 더구나 최근 관광객들의 성향이 먹고 마시고 쇼핑하는 단순 관광에서, 관람과 참여의 문화관광을 선호한다는 점은 시사하는 바가 크다.

이 같은 수용자 요구를 충족시킬 수 있는 대안 중의 하나가 문학을 지역축제로 활용하는 방안이다. 특히 문학공간은 그 활용 가능성이 매

---

26) 문화체육관광부, 『제2차 관광진흥 5개년 계획(2004~2008)』 2004, 20쪽.

우 높기 때문이다. 출생지역과 작가를 무조건적으로 대입하기 보다는, 작품 속에 내재된 공간을 면밀하게 분석하여 이를 현실의 공간에서 구체적으로 재현하는 작업이 필요하다.

외국의 문학축제의 사례에서 알 수 있듯이 단순히 문학 공간 하나만으로 축제의 성공을 기대하기는 어렵다. 즉, 문학이라는 공간에 그 무엇인가를 담아내 '윈-윈'효과를 이끌어내야 하는 것이다.

지역 문학제가 성공을 거두기 위해서는 축제의 획일성, 유사성, 반복성, 그리고 정체성의 부재에서 탈피하여 수요자 중심의 콘텐츠를 기획하는 인식전환이 필요하다. 콘텐츠 역시 사람들이 지적·정서적으로 향유할 수 있도록 모든 영역의 문화원형을 포괄적으로 활용하는 방안이 모색되어야 한다. 따라서 문학축제의 개념도 지역의 경계를 넘어 권역별, 또는 장르별, 테마별로 묶어 외연을 넓혀 새로운 모델을 찾아야 한다.

따라서 축제의 유형으로 전남 서부권역을 잇는 문학벨트형의 〈남도문학축전〉을 제시하고자 한다. 이 유형은 강진과 이웃한 장흥과 해남 지역을 하나의 문학공간으로 묶어 3각 문학벨트를 구축하는 콘텐츠이다. 사실 강진과 장흥·해남의 지리적 위치는 각 군청을 중심으로 반경 30km 이내의 동일 문화권인 동시에, 풍부한 문학자원(시문학 : 강진·해남, 소설문학 : 장흥)을 가지고 있다.

〈남도문학축전〉은 강진-장흥-해남 문학공간의 특성과 각 지역이 지니고 있는 천혜의 문화적 리소스를 활용하여 개발하는 문화콘텐츠이다. 현재 이들 지역에서 개최되는 문학행사로는 강진의 〈영랑문학제〉, 해남의 〈고산문학축전〉과 〈김남주 문학제〉·〈고정희 문학제〉, 장흥의 〈한국문학특구포럼〉 등이다. 이들 문학제의 개최 시기는 다르지만, 문학이라는 인문학적 공간에 각 지역의 문화적 원형을 담아내면 문화콘텐츠로서의 충분한 가치를 지닐 것으로 보인다.

영랑제가 열리는 강진은 1930년대 우리나라 현대시의 요람답게 전국 최초의 문학유파 문학관인 시문학파기념관이 있고, 무엇보다 먹거리가 풍족한 지역이다. 특히 강진 한정식은 청정해역 강진만에서 사계절 생산되는 어패류와 강진평야에서 재배한 친환경 농산물을 사용하기 때문에 음식이 다른 지역에 비해 신선하다. 양념은 재래식 방법으로 직접 담가 향토 맛을 그대로 전하고 있어 강진한정식은 남도음식을 대표하고 있다.[27] 이와 함께 다산초당과 사의재, 영랑생가, 백련사, 무위사, 마량 미항, 전라병영성, 청자도요지, 청자축제 등은 강진에서만이 볼 수 있는 관광매력물이다.

그리고 전국적인 유명세를 탄 장흥 토요시장의 한우도 최고의 먹거리이다. 우리나라 최초의 주말 관광시장으로 자리매김한 장흥 토요시장은 다문화 전통음식거리와 문화공연까지 겸비되어 먹거리와 볼거리를 동시에 만날 수 있다.[28] 여기에 정남진 해양공원과 영화・드라마 촬영지(〈천년학〉 : 회진면 진목리, 〈대물〉 : 장흥읍 예양리 토요시장, 〈축제〉 : 용산면 남포)도 색다른 볼거리라고 할 수 있다. 또한 제암산 철쭉제(5월 초)와 할미꽃축제(4월 중순), 키조개축제(5월 초순), 물 축제(7월 하순), 천관산 억새제(10월 초순) 등의 축제가 철따라 개최되고 있어 관광객 유인에 큰 도움을 줄 것으로 여겨진다.

해남은 한 해에 세 개의 문학제를 개최하고 있을 만큼 다른 지역에 비해 풍부한 문학공간을 확보하고 있다. 특히'우리나라 땅끝'이라는 도시브랜드까지 갖고 있는 해남은 미황사와 대흥사, 고산유적지, 우수영 관광단지, 명량대첩제, 땅끝 해넘이 축제 등 문화적 원형도 다양하다.[29]

---

27) 강진군청 문화관광 안내서.

28) 장흥군청 문화관광 안내서.

문화관광은 취향 문화 시대에 문화산업 활성화와 병행해서 나타나는 개념이다. 그 이전의 관광이 "호기심이 동하여 볼거리를 찾아가 살펴보는 것" 정도로 인식되어 왔다면, 오늘 날의 문화관광은 의식적으로 특정한 문화를 살펴보는 것이다.[30)]

문화관광이라 하면 '문화적 동기', '문화 감동성'이 들어 있어야만 한다. 이런 점에서 축제의 유형으로 제시한 〈남도문학축전〉은 테마가 있는 문학공간과 더불어 먹거리와 볼거리를 첨가함으로써 문화 감동성까지 자연스럽게 획득한다고 할 수 있을 것이다.

3. 전시와 연구의 유형

가. '시문학파' 아카이브 구축

1930년 3월 5일 창간한 『시문학』 지가 우리나라 순수서정시의 본령이라는 데에 이견을 제기하는 이는 없을 것이다. 김용직은 '시문학파'를 일컬어 "시와 예술의 젖줄을 이루어 온 강줄기가 있다. 또한 거기에는 끊임없이 우리를 살찌게 하는 목초지가 있고 과원과 또 다른 경작지가 포함되어 있는 것이다."[31)]라고 하면서 "시문학파에 이르러 비시적 태도는 불순한 것으로 단정되어 시적인 것, 시 본연의 자세가 추구되기 시작했다."[32)]고 평가했다. 조병춘도 시문학파가 1930년대 문학에서 크게 주목되는 것은 순수성을 문학의 지표로 삼았기 때문이라고 평가한다.

---

29) 해남군청 문화관광 안내서.
30) 김의숙 · 이창식, 『문학콘텐츠와 스토리텔링』, 역락, 2008, 61쪽.
31) 김용직, 『한국 현대시사 1』, 한국문연, 1996, 59쪽.
32) _____, 『한국 현대시 연구』, 일지사, 1978, 197쪽.

> 잘 알려진 바와 같이 정치적・사회적 목적의식에 사로잡혔던 종래의 시, 특히 '카프'의 것과 같은 시를 배격하고, 시 본연의 예술성을 추구했던 시인들의 유파를 지칭한다. 이들에게 있어서 시는 곧 언어의 탐구였다. 언어야말로 다른 어느 것보다 시의 제1차적 과제였다. 말하자면 이들에게 있어서 시란 언어의 발견이요 창조이며, 언어를 떠난 곳에서 시가 존립할 이유가 없었던 것이다. 따라서 그들의 시어는 재치와 다양성, 빛나는 영롱성, 현란한 색채 효과를 획득하게 되었다. 한국시는 그들에게 이르러서 마침내 현대시의 본격적 모습을 갖추었던 것이다.[33]

시문학 동인의 문학적 의지와 시적 성향은 『시문학』 1호의 「후기」에서 명징하게 나타나고 있다.

> 우리는 詩(시)를 살로 색이고 피로 쓰듯 쓰고야 만다. 우리의 詩(시)는 우리 살과 피의 매침이다. 그럼으로 우리의 詩(시)는 지나는 거름에 슬적 읽어치워지기를 바라지 못하고 우리의 詩(시)는 열 번 스무 번 되씹어 읽고 외여지기를 바랄 뿐, 가슴에 늣김이 잇을 때 절로 읇허 나오고 읇흐면 늣김이 이러나야만한다. 한 말로 우리의 詩(시)는 외여지기를 求(구)한다. 이것이 오즉 하나 우리의 傲慢(오만)한 宣言(선언)이다.
>
> 사람은 生活(생활)이 다르면 감정이 갓지 안코 教養(교양)이 갓지 안으면, 感受(감수)의 限界(한계)가 따라 다르다. 우리의 詩(시)를 알고 늣겨줄 만흔 사람이 우리 가운대 잇슴을 미더 주저하지 안는 우리는 우리의 조선말로 쓰인 詩(시)가 조선사람 전부를 讀者(독자)로 삼지 못한다고 어리석게 불평을 말하려 하지도 안는다. 이것이 우리의 自限界(자한계)를 아는 謙遜(겸손)이다.

33) 조병춘, 『한국현대시평설』, 태학사, 1995, 177쪽.

> 한 민족이 言語(언어)가 발달의 어느 정도에 이르면 口語(구어)로서의 존재에 만족하지 안이하고 文學(문학)의 형태를 요구한다. 그리고 그 文學(문학)의 成立(성립)은 그 민족의 言語(언어)를 完成(완성)식히는 길이다. 우리는 조금도 바시대지 안이하고 늘진한 거름을 뚜벅거러 나가려 한다. 虛勢(허세)를 펴서 우리의 存在(존재)를 인정바드려하지 안니하고 儼然(엄연)한 存在(존재)로써 우리의 存在(존재)를 戰取(전취)하려 한다.

시문학 동인은 당시 문단을 주도했던 카프파의 정치적 목적을 내세운 문학과는 전혀 다른 문학을 지향한다는 사실을 공개적으로 선언하기에 이른다. 시문학파의 '오만한 선언'은 분명히 당시 문단을 장악하고 있던 카프파를 의식한 발언이다. 그들이 내세운 '文學의 成立은 그 民族의 言語를 完成식히는 길'이라는 명제는 그들의 지향점이 정치투쟁을 위한 문학이 아니라는 점을 선명하게 내세운 것으로서 카프파에 대한 하나의 도전장이라고 할 수 있다.[34] 이데올로기의 당위적 논리에 장악된 문단에서 '외어지고 느껴지는 시'라는 목표야말로 심히 이질적인 명제였던 것이다. 시문학파는 이데올로기 투쟁의 현실적 경향성보다는 민족어의 완성이라는 언어 미학에 초점을 두고 있었다.

지금까지 살핀 '시문학파'에 대한 문학적 성과들을 아카이브로 구축하여 문학교육의 자료로 활용코자 한다. 문학교육은 현대 교육과정의 한 경향이라고 할 수 있는 인간중심의 교육을 효과적으로 실현할 수 있는 교육방법이다. 따라서 문학교육은 "생각하고 느끼고 생활하고 행동하는 개체를 육성하는 것이며 사랑할 수 있고, 깊이 느낄 수 있고, 내적인 자아를 넓힐 수 있고, 창조할 수 있는 사람 또는 자기교육의 과정을 계속할 수 있는 사람을 육성"하는 역할을 수행한다.

---

34) 김용직, 「시문학파 연구」, 『한국현대시연구』, 일지사, 1974. 192쪽.

전시와 연구 유형의 〈시문학파 아카이브(archive)〉는 시문학파기념관을 터미널(terminal)화 하여, 시문학파의 문학사적 가치와 그들이 일궈낸 문학적 성과의 다양할 자료들을 집적하는 작업이다.

시문학파 동인은 『시문학』 창간호(1930. 3. 5)에 김영랑, 박용철, 정지용, 이하윤, 정인보 등에 이어, 그해 5월 20일 발행된 2호에 김현구와 변영로가 참여했고, 1931년 10월 10일 간행한 3호에 신석정과 허보가 참여함으로서 모두 9명이다.

아카이브 콘텐츠는 시문학파와 동인에 대한 ▲아호와 본명 ▲생몰연대 ▲출생지 ▲문단활동 ▲저작물 ▲작품세계 ▲작품 연표 ▲작가 연보 ▲대표작 ▲연구물 목록(석·박사 논문 및 학회지 논문) 등을 집대성해야 한다. 그리고 문학 유파에 대한 이해를 돕기 위해 시문학파를 전후한 우리나라의 동인사[35] 소개와 시문학파가 태동한 1930년대의 시대상[36]을 체계적으로 정리할 필요가 있다.

---

35) 동인지 운동의 효시 『창조』(1919)를 시작으로 퇴폐적 상징주의를 지향한 『폐허』(1920)~감상적 낭만주의 『백조』(1922)~사회적 리얼리즘 '신경향파(카프)'(1925~1935)~민족문학의 부흥을 주창한 '국민문학파'(1920년대 중후반)~순수시 운동의 선구 『해외문학』(1927)~언어의 미의식울 추구한 『시문학』(1930)~문명비평과 주지적 태도를 취한 '모더니즘'(1930년대 초)~생명현상과 본질을 탐구한 '생명파'(1930년대 후반)~자연의 재발견에 천착한 '청록파'(1940년대 중반) 등을 〈시문학파의 아카이브〉 콘텐츠에 소개한다.

36) 시문학파가 형성된 1930년은 일제의 문화통치(1920년대)에서 무단통치로의 전환기이다. 따라서 국내의 문단 상황은 일제에 대한 저항이라는 목적의식은 같았지만, 사회주의식 문학운동과 순수민족문학운동간 심각한 대립 양상을 보였다. 이것이 곧 1925년을 기점으로 1935년까지 10년 간 지속된 프로문학파와 민족문학파 간의 대립이다.

이러한 1920년대의 문단현실에 1927년부터 '해외문학파'가 순수문학론을 들고 나옴으로써 문학논쟁은 한층 가열되는 계기를 맞았다. '해외문학파'에서 발아된 순수문학 운동은 '시문학파'에 이르러 구체화 되었고, 이후 '구인회'와 모더니스트, 그리고 『시원』과 『시인부락』으로 이어지면서 1930년대 한국 현대시의 맥을 형성하였다.

이와 함께 시문학파의 작품세계[37)]와 문학사적 의의[38)], 『시문학』 지(1, 2, 3호)에 대한 특색[39)], 당시 신문기사〈표 1 참조〉 등의 자료를 콘

---

37) 시문학파는 조선프롤레타리아 예술가동맹(KAPF)의 정치적 경향 시에 반발하여 문학에서 정치성이나 사상성을 배제한 순수 서정시를 지향하고자 한 점이 가장 중요한 특색이다. 1920년대의 감상적 낭만주의 시나 민요시 또는 KAPF의 경향시가 모두 자유시의 특성에 대한 자각을 보여주지 못했던 데에 반해, 『시문학』에 실린 김영랑, 정지용, 박용철 등의 작품에서는 내용과 형식의 유기적 조화에 의한 자유시가 씌여지고 있음을 확인할 수 있다. 특히 시에서 언어의 조탁이라는 면에 그들이 의식적인 노력을 경주하였다는 것은 주목할 만하다.

또 다른 중요한 특색으로 시문학파의 시에서 은유와 심상이 비로소 제 기능을 발휘하고 있다는 사실을 들 수 있다. 물론 1920년대의 시에도 은유나 심상이 없는 것은 아니지만, 시문학파의 그것과는 근본적이고 질적인 차이를 보이고 있다. 즉, 1920년대 은유나 심상은 자연발생적인 것이 대부분인데 비하여, 시문학파의 은유나 심상에는 의식적으로 활용하고자 한 흔적이 뚜렷하게 나타나고 있다.

38) 『시문학』 지는 1930년 3월 5일 창간하여 그해 5월 20일 제2호, 1931년 10월 10일 제3호를 끝으로 종간되었지만, 당대를 풍미했던 카프계열의 프로문학과 감상적 낭만주의 사조에서 벗어나 이 땅에 본격적인 순수문학의 뿌리를 내리게 한 모태가 되었다.

시문학파의 문학사적 의의는 첫째 1920년대의 이데올로기 문학의 근본적 결함을 극복하고 시의 자율성을 확보한 점, 둘째 시적 기교와 전통적인 가락을 통해 순수시의 새 경지를 개척한 점, 셋째 1920년대와 1930년대 시문학의 분획점으로서 현대시의 분수령을 이룬 점 등을 꼽을 수 있다.

39) 다음은 『시문학』 각 권의 편집구성과 특색이다.

1930년 3월 5일에 발간된 『시문학』 창간호의 구성은 창작시, 번역시, 편집 후기, 투고 규정으로 이루어져 있다. 창작 시는 24편 수록되어 있는데, 이 중 김영랑의 시 13편, 박용철의 시 5편, 정지용의 시 4편, 이하윤의 시 2편이다. 그리고 번역시는 정인보 1편, 이하윤 2편, 박용철 2편 등 모두 5편이 수록되어 있으며, 이는 외국 시집의 시를 번역한 것들이다.

1930년 5월 20일에 발간된 『시문학』 제2호의 편집구성은 창간호와 마찬가지로 창작시, 번역시, 편집후기, 투고규정으로 이루어져 있다. 창작시는 25편 수록되어 있는데, 김영랑의 시 9편, 박용철의 시 4편, 정지용의 시 7편, 변영로의 시 1편, 김현구의 시 4편이다. 그리고 번역 시 18편은 정인보 2편, 정지용 2편, 이하윤 3편, 박용철 11편으로 외국 시집에 발표된 시를 번역한 작품들이다.

1931년 10월 10일에 발간된 『시문학』 제3호의 구성은 창작시와 번역시, 시인의 말, 편집 후기로 이루어져 있다. 투고 규정이 없고, 대신 「시인의 말」을 수록한 점이 창간호·제2호와 다르다. 창작시는 20편 수록되어 있는데, 김영랑의 시 7편,

표 1. 아카이브를 위한 신문 자료

	보도 일자	면	내 용
1	1930-03-07	4면	詩文學 創刊號 玉川洞一六其社 發行
2	1931-09-09	4면	詩文學 續刊
3	1931-10-16	6면	詩文學(第三號)
4	1931-10-21	5면	詩文學社 移轉(積善洞)
5	1933-11-22	3면	譯詩集『失香의 花園』十二月初 詩文學社에서 發行[文壇消息]
6	1933-12-06	3면	異河潤 著 失香의 花園 ; 京城 詩文學社 發行
7	1933-12-06	3면	『失香의 花園』京城 詩文學社 發行
8	1933-12-15	3면	月刊 純文藝誌「文學」創刊號 二十日頃 出來, 積善洞 詩文學社에서 發行
9	1933-12-21	5면	劇藝術(第二號) ; 京城 詩文學社 發行
10	1933-12-27	5면	文學(第一號) ; 京城 詩文學社 發行
11	1934-04-01	5면	文學(四月號) ; 京城府 積善洞 詩文學社 發行
12	1934-04-20	4면	劇藝術(創刊號) ; 劇藝術研究會機關誌 ; 京城 詩文學社 發行
13	1935-11-06	4면	鄭芝溶 詩集과 永郎 詩集 刊行 近日 詩文學社로부터

자료제공: 동아일보 독자정보자료실

텐츠로 포함시켜 학술적 가치를 확보하는 것이 중요하다.

이밖에도 시문학파 동인 가운데 개별 문학관을 보유하고 있는 〈정지용 문학관(http://www.jiyong.or.kr)〉과 〈신석정문학관〈(http://shinseokjeong.com)〉을 〈시문학파기념관(http://www.simunhak.or.kr)〉과 링크하는

박용철의 시 2편, 정지용의 시 4편, 김현구의 시 4편, 허보의 시 2편, 신석정의 시 1편이다. 그리고 번역시 12편은 이하윤 2편, 박용철 10편으로 외국 시집의 시들을 번역한 것들이다.

방법도 있을 것이다.

이들 세 문학관의 인터넷 홈페이지를 활용하면, 사이트 접속자의 상호작용성(interaction)과 정보제공의 기능성(information service provider), 커뮤니티 사이트(community site)로의 발전 가능성을 높일 수 있을 것이다. 따라서 전남 강진의 〈시문학파기념관〉과 전북 부안의 〈신석정문학관〉, 그리고 충북 옥천의 〈정지용문학관〉이 하나의 사이버공간에서 에듀테인먼트적 '윈-윈 효과'도 가져올 것이다. 이 에듀테인먼트 모형을 도식화〈표 2 참조〉하면 다음과 같다.

나. 영랑 시어의 가치 복원

영랑시의 기호체계에는 의미론적 층위의 조건보다 통사론적 층위의 조건이 더 강하게 작용하고 있다. 이는 영랑이 시적 효과를 의도하기 위해 언어의 기의에 우선하여 기표가 갖는 물질적 조건으로서의 음성자질을 최대한 활용하고 있기 때문이다.[40] 실제로 그의 시에서 섬세한 고유어(의고체)와 조어 의태어, 의성어들이 교묘하게 조합되어 있음을 볼 수 있는데, 이를 바탕으로 한 시상의 효과와 율격적 상승이 영랑시의 음악적 효과를 일으키는 주요 원리라 할 수 있다. 이러한 음악성이 영랑의 내밀한 정서와 어울려 그 특유한 순수 서정의 세계를 이룩하고 있는 것이다.

한편, 영랑시는 주체성의 층위에서 화자 기표인 '나'를 현상적으로 등장시켜 주체의 위치를 분명하게 보여줌으로써 독자와의 거리를 좁히기를 제안한다. 그 결과 영랑시는 텍스트와의 의미론적 거리를 인식하는 독자에게 공간질서의 계열적 조합을 요구하기보다는, 음성자질에 의한

40) 김동근, 「영랑시의 기호체계와 통화 모형-세 편의 초기시 분석을 중심으로」, 『한국문학이론과 비평』 27, 2005, 41쪽.

표 2. 사이버 문학공간의 에듀테인먼트 모형도

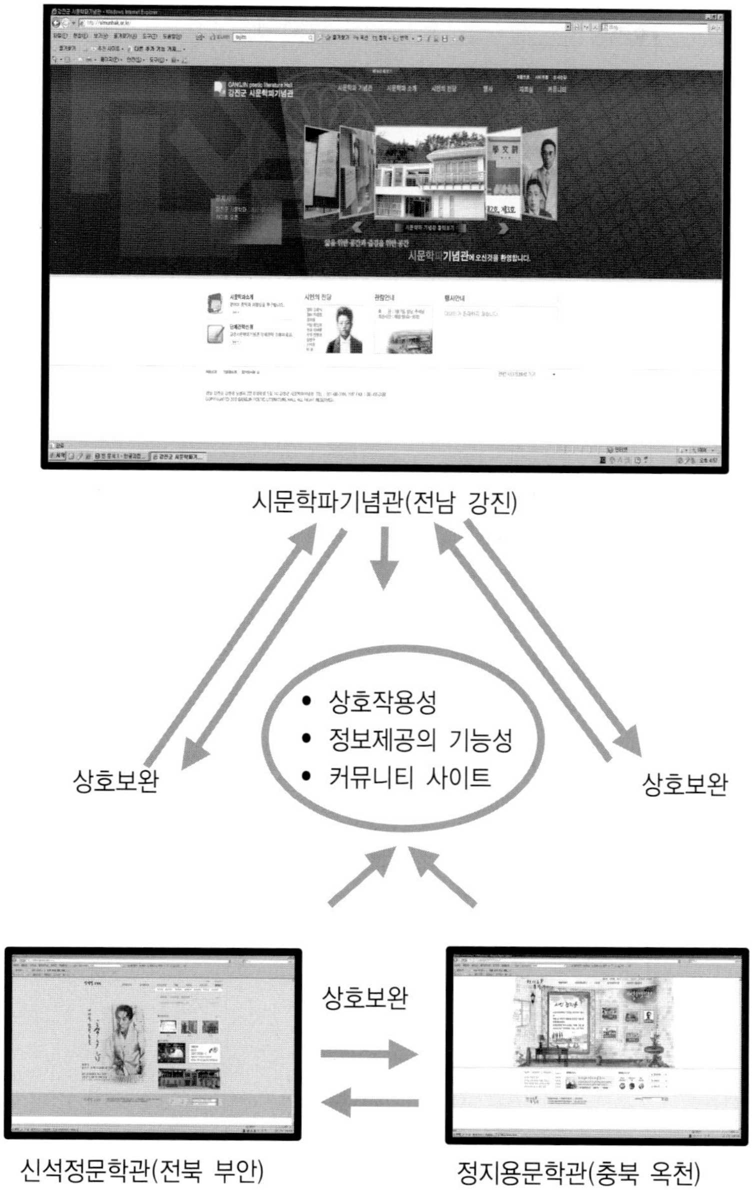

전달의 직접성과 통사구조상 결합관계의 계기적 연쇄에 관심을 갖게 할 수 있을 것이다. 이러한 특성은 그의 시적 태도가 철저히 순수미의 세계를 추구하는 데 있었음을 의미하는데, 그를 전통 서정의 맥을 잇는 1930년대 순수서정시인의 하나로 규정하는 이유도 바로 여기에 있다. 물론 '정서의 풍윤성', '촉기' 등으로 지적되어 온 그의 화려한 감각적인 언어가 체험의 구체성을 살리기보다는 주로 내적인 지향으로 흐르고 있다는 점에서, 그리고 정감적인 정조나 아름다움 자체만을 강조하는 형식적 조탁이 지나치다는 점에서 시대 인식의 결핍이라는 부정적 평가를 초래하기도 하였다.[41]

> 제운밤 촛불이 찌르르 녹어버린다
> 못견듸게 묵어운 어느별이 떠러지는가
>
> 어둑한 골목골목에 수심은 떳다 가란젓다
> 제운맘 이한밤이 모질기도 하온가
>
> 히부얀 조히등불 수집은 거름거리
> 샘물 정히 떠붓는 안쓰러운 마음결
>
> 한해라 기리운졍을 몯고싸어 힌그릇에
> 그대는 이밤이라 맑으라 비시아다.
>
> 〈「除夜」 전문〉

위의 시 「除夜」는 주로 어휘의 적절한 병치와 은유적 결합을 통해 의미의 확장과 형태적인 안정감을 기하고 있다. 어휘의 음성자질은 단

41) 위의 책, 41쪽.

독으로 존재할 때는 하나의 물질적 기표에 불과하지만, 그것이 텍스트로 반복되거나 병치될 때는 시적 자동 기능에 의해 음악성을 갖게 될 뿐만 아니라, 통사구조와 의미구조에서도 영향을 미치게 된다. 시적 효과를 위해 어휘의 음악적 자질을 의도적으로 부각시킨 예로, 1연에서의 '제운 / 묵어운', '찌르르 / 떨어지는가'의 병치를 둘 수 있다. '제운~촛불 / 묵어운~어느별'은 울림소리 'ㄴ', 'ㄹ'로 구성된 동일한 각운을 병치시킴으로써 반복 효과를 얻고 있으며, '찌르르 / 떨어지는가'는 각각 된소리에 울림소리 'ㄹ'이 뒤따르는 어휘로서, 이러한 병치는 청각 심상의 연쇄를 일으킨다.

2연의 '떳다 가란젓다'와 '제운맘 이한밤'은 동일 조어법의 경우이다. '~ㅅ다 ~ㅅ'와 '~ㄴ맘 ~ㄴ밤'이라는 동일 음상으로 조어된 구절들을 다시 연결시킴으로 인해, 두 개의 의미행이 하나의 운율 행으로 긴밀하게 결합되어짐을 볼 수 있다. 3연에서는 '히부연', '조히', '졍히'의 '히'음 반복과 'ㅁ-ㄱ-ㄹ'의 음성자질이 순차적으로 결합된 '거름거리 / 마음결'의 행 단위 병치가 있으며, 4연은 '한해라 / 이밤이라 / 맑으라'의 정연한 반복이 이루어진다. 기표의 이러한 반복이나 병치는 시적 기호체계 속에서 자동기능을 발생시키게 되고, 그 자동기능에 의해 음악적인 것으로 읽혀지게 된다.

「오-매 단풍들것네」
장광에 골불은 감닙날러오아
누이는 놀란 듯이 치어다보며
「오-매 단풍들것네」
추석이 내일모레 기둘니리
바람이 자지어서 걱정이리

누이의 마음아 나를보아라
「오-매 단풍들것네」
〈「누이의 마음아 나를 보아라」 전문〉

위의 시는 영랑의 작품 중에서 향토성을 논하거나 또는 남도사투리를 거론할 때마다 등장하는 작품이다. 사실 이 작품처럼 전라도사람이 아니면 이해하기 힘든 구수한 맛의 사투리의 뉘앙스가 짙게 풍기는 시도 없다.[42] 이를 통해 영랑이 당시의 문인들처럼 외국어의 서툰 모방보다는 한국어의 재래적인 가치를 보존하고 그것을 예술적으로 다듬는 것이 중요한 임무라고 생각한 시인임을 알 수 있다.

이는 충청도의 한용운, 경상도의 이상화, 평안도의 김소월에 맞선 김영랑만이 갖는 미의 추구이며, 현대시의 가장 중요한 자산 중의 하나이기도 하다.

특히 이 시의 핵심은 '오-매 단풍들것네'로서 전라도인만이 갖고 있는 특유의 감탄이자 동시에 자연을 바라보고 자연과 함께 하는 삶 속에서 우러나온 생태적 발상이다. 시에서의 사투리 사용은 시어의 확대이자 공간성을 띤 그 지역 특수 성격을 내포한 향토미라는 점에서 시의 매력을 더해주고 있다.

> 이 시에서 '오-매 단풍들것네' 이 한마디 감격으로도 전라도 특유의 가을을 점칠 수 있다. 더구나 추석을 앞둔 그 가을빛은 우선 장광에 골불은 감잎으로도 충분히 알 수 있다. 얼마나 소박한 가을의 정서인가? 여기서 쉬이 눈에 띠는 것은 '오매', '들것네', '기둘니리' 등과 같은 전라도 특유의 사투리이다.

42) 허형만, 「동백잎에 빛나는 마음-김영랑론」, 『우리시대의 시인연구』, 시와사람사, 2001, 89쪽.

> 이것을 다른 말로 바꾸어 놓는다면 어떻게 될까? 전혀 실감이 나지 않을 것이다. 그래서 시인들이 작품에 향토색을 중시하여 사투리를 애용하고 있는 것도 다 일리가 있는 것이다.
>
> 우리나라 많은 시인 가운데 영랑만큼 사투리를 거리낌 없이 쓴 시인도 드물다. 만약 영랑에게 사투리를 쓰지 말라고 제재를 가했더라면 어떻게 되었을까? 아마 전혀 다른 경향의 작품이 나왔을 것이다. 그러므로 영랑의 사투리는 그만치 시의 매력을 더해준 것이다.
>
> 이것은 주로 그의 첫 시집에서 많이 발견할 수 있다. 이 향토미는 호남의 아름다운 자연과 함께 사투리로서 나타난 소박한 생활에서 물씬 그 냄새를 풍기고 있다.[43)]

이성교는 「오매 단풍들것네」라는 시에 대해 '영랑만큼 사투리를 거리낌 없이 쓴 시인도 드물다'라고 전제하면서, 영랑의 시에서 발견되는 향토색 짙은 시어는 강진의 인문지리학적 공간의 특성과 맞닿아 있다고 평가했다.

> 이 시에는 가을의 인상이 몇 개의 이미지와 감각, 그리고 리듬 의식으로 묘사된 것으로 보인다. '오-매 단풍들것네'라는 전라방언의 리드미컬한 구사가 독특한 청각영상을 형성한 데서 특징이 놓여진다. 시작, 중간 끝에 세 번이나 반복되는 이 특이한 가락의 방언 구분은 가을의 이미지를 '오-매'라는 감탄어사, 그리고 '단풍'의 시각적 뉘앙스를 함께 결합함으로써 효과적으로 조형하고 있는 것이다. 여기에다가 '장광'과 '골불은 감닙', '추석', '바람', '누이'의 이미지를 중첩시킴으로써 가을의 싱숭생숭한 설렘의 정조를 섬세하게 투영할 수 있게 된 것이다. 더구나 '들것네/ 날러오아/ 치어다보며/ 기둘니리/ 자지어서'라는 어미들이 자연스럽게 교차됨으로써 향토적 서정의 미감

43) 이성교, 『현대시의 모색』, 맥밀란, 1882, 280쪽.

> 을 북돋우는 것으로 이해된다. 가히 감각과 이미지, 그리고 리듬의 유려한 결합이 빚어내는 언어미학의 성취라고 할 수 있으리라. 이 점에서 영랑은 지용과 함께 이 땅 시사에서 언어의 미학 가치에 섬세하게 주목함으로써 시의 시다움, 즉 예술가로서의 시를 실천적으로 보여준 선구적 시인으로 판단되는 것이다.[44]

김재홍은 '들것네/ 날러오아/ 치어다보며/ 기둘니리/ 자지어서'라는 어미들이 자연스럽게 교참됨으로써 향토적 서정의 미감을 살려주고 있다고 말했다.

김영랑은 1903년 강진에서 태어나 주로 고향에서 생활하였으므로 영랑의 시어가 전라남도 남부방언일 것으로 생각하기 쉽다. 이것이 마치 고산 윤선도의 시어가 전라남도 방언일 것으로 생각한 것과 같다. 김웅배는 「어부사시사」의 언어를 창작지였던 보길도 방언과 대비시켜 본 결과 소수의 몇 개 어휘를 제외하고는 고산의 언어는 전라남도 방언이 아님을 밝히고 있다.[45] 이런 맥락에서 본다면 영랑의 시어에 상당수 강진방언이 쓰였다고 해서 영랑 시어 전반을 강진방언일 것으로 보는 것은 선입견일 수도 있다. 사실 영랑 시어의 가장 두드러진 특징은 강진방언의 구사라기보다는 의고체(擬古體)의 아어체적(雅語體的) 시어를 구사하고 있다는 것이 확인된다.[46]

영랑 시의 특색은 '우리다움'에서 찾아볼 수 있을 것이다. 우리의 풍물과 정서를 사랑하면서 전통의 계승과 창조적 발전을 위해 '우리다움'의 탐구에 각 별한 노력을 기울였던 것을 볼 수 있다.

서정시의 경우도 그것이 문학의 한 분야라는 점에서 그 시대와 사회

---

44) 김재홍, 『한국현대시인 연구』, 일지사, 1986. 150~151쪽.

45) 김웅배, 『전라남도 방언연구』, 학고방, 1991, 289쪽.

46) 허형만, 『영랑 김윤식 연구』, 국학자료원, 1996, 129쪽.

를 반영하고 있다. 시 작품 속에 담겨 있는 정서와 생활 감정은 시인 개인의 것이자, 곧 그 사회와 시대의 것이 아닐 수 없다. 거기에는 시대를 주도하는 정신의 역동성은 물론이거니와 시인 자신이 속해 있던 사회 환경과 역사가 실증적으로 담겨있기 때문이다.

영랑의 정서는 남도를 바탕으로 하고 있다. 그가 남도의 독특한 정서를 지키고자 한 것은 우리 문학을 지키고자 했던 노력이라고 볼 수 있다. 그러한 점에서 영랑 시의 독특한 시세계는 우리 민족의 '우리다움'을 지키는 문학으로까지 발전할 수 있게 되는 것이다.

영랑이 주로 사용한 의고체는 일명 고문체(古文體)로서, 시가(詩歌)나 미문조(美文調)의 산문에서 볼 수 있는 문체이다. 영랑은 일상 언어에서 사용하지 않는 어구들을 문학에서 특별한 수사적 효과를 얻기 위해 의도적으로 부활시켜 사용한 것이다.

의고체는 사어(死語)로 생명력을 잃은 언어이지만 그것을 작품에 이용하면 장중하거나 우아한 느낌의 효과를 줄 수 있으며, 시에서는 운율이 완곡해지는 효과를 얻을 수 있다. 따라서 영랑은 이러한 의고체의 특성을 최대한 이용하여 독특한 시어의 구축으로 음악적 리듬감을 살린 것이다. 다음은 영랑의 시어에서 두드러지게 나타난 의고체를 〈표 3〉으로 작성하였다.

아울러 영랑의 시편 속에는 그만의 갖는 개성적 조어(造語)가 많이 눈에 띈다.

그의 시는 '실타리', '아슬픈', '어슨', '조매로운' 등의 새로운 조어로서 신선미를 지니며 독특한 서정성을 유발하여 유연한 시어의 이음새를 통한 시적 운율감을 만들어내고 있다. 이러한 조어 방법에는 유성음 활용형, 음의 첨삭, 의도적 모음조화, 복합어, 파생어, 보조어사의 첨가, 의성어・의태어의 사용 등이다. 영랑은 다양한 조어방법을 통해서 기

표 3. 영랑의 擬古體 시어

출 전	영랑의 시어	어 석(語釋)
『영랑시집』 1	내 마음의 어딘 듯 한편에	어디의 예스러운 말
	도처오르는 아츰날빗이	도치어오르는
『영랑시집』 6	어리석다 하심은 너무로구려	너무이구려의 예스러운 말
『영랑시집』 7	뱃장우에 부은발 쉬일가보다	배의 널판자 위에
『영랑시집』 8	쓸쓸한 뫼아페 후젓이 안즈면	묘 앞에/ 호젓이
『영랑시집』 12	가삼은 간곡히 입을 버린다	가슴/벌린다의 예스러운 말
『영랑시집』 13	이슬에 저지우면 밤을 새인다	젖다의 예스러운 말
『영랑시집』 16	붓잡지 못하야 거러다님을	못하여의 예스러운 말
『영랑시집』 17	가을은 애달프다 소색이느뇨	속삭이다
『영랑시집』 22	내숨결 가부엽게 실어보냇지	가볍게의 예스러운 말
	어이면 한숨만 모라다 주오	어찌하면 예스러운 말
『영랑시집』 34	내마음 하루사리 나래로다	날개의 예스러운 말
『영랑시집』 35	이시골 이뎡거장 행여 이즐나	정거장의 예스러운 말
『영랑시집』 38	희부얀 조히등불 수집은 거름거리	희부연의 예스러운 말
	그대는 이밥이라 맑으라 비사이다	비십시오
『영랑시집』 39	업듸여 눈물로 따우에 색이자	엎드려의 예스러운 말
『영랑시집』 42	내가슴속에 가늘한 내음	냄새의 옛말
『영랑시집』 43	내 마음 아실이	아실 이
『영랑시집』 45	나는 아즉 나의 봄을 기둘리고 잇슬테요	기다리고의 옛말
	천지에 모란은 자최도 업서지고	자취의 옛말
	三百예순날 하냥 섭섭해 우옵네다	우옵니다의 예스러운 말
『영랑시집』 46	받듯이 긔려지는 사나이 지낫섯느니	그려지는
『영랑시집』 47	마음이 어이면 늙으뇨	어찌하면의 예스러운말
『영랑시집』 52	슷지는못하고 고힌그대로 흘니웟느니	씻다의 옛말
	팔히한마음 마조 가고지워라	가고싶어라의 예스러운 말
『영랑시집』 53	수풀이 흐르르 버레가 흐르르르	벌레의 예스러운 말

성언어의 의미 속에 틀에 박힌 완고한 유형성을 벗어나 시인 자신의 창조적인 시 정서를 높이고 있는 것이다.47)

- 가삼은 간곡히 입을 **버린다**(『영랑시집』 12)
- **꿈이런가** 눈감고 헤어리려니(『영랑시집』 23)
- 그는 **버르서**(「강선대 바늘 끝에」)
- 내목숨 꺽지나 **마르시오**(『영랑시집』 32)
- 내숨결 **가부엽게** 실어보냇지(『영랑시집』 22)

유성음의 활용과 함께 음운의 첨가가 두드러지게 나타난 영랑의 시어들이다. '입을 벌린다'의 경우 '/ㄹ/'을 탈락함으로써 느껴지는 부드러움의 표현을 노린 것이다. '꿈이런가'는 '꿈이던가'를 유음화시켜 발음상의 편의를 도모한 예다. '그는 버ㄹ서'의 경우 '벌'이라는 음절의 이완작용으로 '그는'의 단정적 어휘가 주는 긴장감을 '버ㄹ서'의 느린 호흡으로 이완시켜 긴장과 이완을 마주침으로 인한 미묘한 음악적 효과를 거두는 시어 선택 감각을 볼 수 있다. '마르시오'는 '마시오'의 음운 허용으로 '/ㄹ/'의 유음을 첨가함으로써 부드러운 소리 효과를 노릴 수 있다. '가벼웁게'와 '가부엽게'의 비교를 통해 영랑 시의 독특한 서정을 엿볼 수 있는데, '/ㅕ/'와 '/ㅜ/'의 환치를 통해 남도적 서정을 느낄 수 있다.

토씨나 점 하나도 버릴 것 없는 정갈하고 아름답게 빚어진 시어로 대표되는 김영랑의 시세계는 서정시의 전통을 이으면서도 소월이나 지용과 또 다른 지점을 획득했다고 평가된다.48) 동시에 이러한 평가는 언어적 미에만 집착하고 시대적 상황을 외면했다고 그를 비판하는 근

47) 정숙희, 「김영랑 문학연구」, 인하대 박사논문, 1987. 60쪽.
48) 김현자, 「영랑 시와 민족언어」, 『남도의 황홀한 달빛』, 우리글, 2008, 76쪽.

거가 되기도 했다. 그러나 김영랑이 고유어와 향토어를 애용하고 전통적인 어법을 사용하며, 시어를 정련하여 언어가 스스로 소리를 내고 살아 움직이게 했던 것은 단순한 유미주의적 취향을 넘어선 것으로, 주권을 잃어버린 시대를 살아가는 역사적 자아의 의지이며 선택이었음을 부정할 수 없다. 영랑의 시어에 나타난 조어를 〈표 4〉로 정리하였다.

시인에게 모국어는 가장 행복하고 평화로운 삶의 바탕이다. 모국어를 그토록 연마하여 아름답게 소리 내게 하고 살아 숨 쉬게 했지만,

표 4. 영랑 시어의 造語

출 전	영랑의 시어	어 석(語釋)
『영랑시집』 1	아츰<u>날빗</u>이 빤질한 은결을 도도네	'햇빛'과 같은 구조의 조어
『영랑시집』 10	님두시고 가는길의 <u>애끈한</u> 마음이여	동사 '애끊다'를 변형시켜 형용사로 파생시킴
『영랑시집』 11	**흰날**의 내가슴 아즈랑이 낀다	'白晝'를 우리말식으로 옮김
『영랑시집』 43	불빛에 연긴 듯 **희미론** 마음은	형용사 '희미하다'의 어근 '희미'에 파생접사 '-롭-'을 넣어 다른 느낌의 형용사를 조어
『영랑시집』 44	바람따라 **가지오고** 머러지는 물소리	'가직하다'와 '오다'를 부동사적으로 결합하면 '가직하게 오다'가 되는데, 그것을 줄여 만들어낸 조어
	흐름도 <u>가득찰랑</u> 흐르다가	'가득하다'와 '찰랑찰랑하다'의 어간을 직접 결합시킨 조어
	오 그립고 <u>향미론</u> 소리야	명사 '향미'에 '-롭-'을 붙여 형용사로 파생시킨 조어
『영랑시집』 47	그밤을 <u>홀히</u>안즈면	홀로, 홀아비 등의 '홀'에 '히'를 붙여 부사로 파생시킨 조어
『영랑시집』 52	저긔 城밑을 도라나가는 죽엄의 <u>자랑찬</u>소리여	'힘찬'과 같은 조어로서, 자랑에 '차다'를 붙여 형용사로 만든 예
	비탄의넉시 붉은마음만 낯낯 <u>시들피느니</u>	'시들다'와 '피다'의 동사어간을 바로 결합시킨 조어

현실이 폐색되면서 영랑의 시는 음상어의 울림 대신, 역사적 자아의 육성을 내게 된다. 거문고가 아름다운 소리를 내지 못할 때, 그것은 죽음을 불사한 '춘향'이 되며, 피를 토하는 '두견'이 된다. 모국어에 대한 애정이 궁극적으로는 역사적 현실에 대한 진솔한 내면으로 귀결되었다는 점은 이런 맥락에서 필연적으로 보인다.

김영랑은 순수한 서정성의 계발과 함께 천부적인 언어 감수성을 보여주는 시어의 조탁을 통해 모국어의 완성을 지향한 시인이다. 또한 그의 시는 우리 고유의 전통적인 서정과 가락을 현대시적 작시법에 의해 창조적으로 형상화한 탁월한 면모를 보인다. 김영랑의 시는 소월의 뒤를 이어 한국적 순수 서정을 언어미학적 형상화를 통해 확립해냄으로써 시문학사상 의의를 지닌다.49)

따라서 영랑 시어를 연구하는 것은 곧 모국어를 풍요롭게 하는 것이요, 민족 언어의 독특한 가치를 창조하는 일이다. 영랑 시어의 가치 복원을 위해 〈영랑 시어 연구회〉를 제안하고자 한다. 연구회는 1990년 초에 결성되어 현재 활발한 활동을 보이고 있는 '영랑기념사업회'에 학술·연구 분과를 두어 운영에 따른 체계성을 확보하는 것이다. 연구회의 활동과 역할은 ▲정례 학술발표회 ▲영랑 시어 퀴즈대회 ▲영랑 학술상 제정·시상 ▲영랑학회 조직·운영 ▲학술지 발행 등으로 압축된다.

또한 연구회의 활성화를 위해서 '시문학파기념관-영랑 시어 연구회'와의 윈-윈 전략을 구사하여 전국 대학 국문학과는 물론 각종 학술단체와의 네트워크를 구축해야 한다. 〈영랑 시어 연구회〉가 영랑의 시어를 연구하고 복원하는 작업은, 외래어 홍수에 내몰려 있는 우리의 모국어를 전승하고 발전시키는 일이기도 할 것이다.

---

49) 양병호, 앞의 책, 19쪽.

제5장 시문학 공간 문화콘텐츠화의 의의와 한계

1. 활용방안과 기대효과
2. 문화콘텐츠화의 한계
3. 문화정책에 대한 제안

제5장

시문학 공간 문화콘텐츠화의 의의와 한계

1. 활용방안과 기대효과

주지하다시피 21세기에 들어 IT기술의 발달로 문화콘텐츠가 문화산업의 핵심으로 부상하고 있다. 테크놀로지의 지속적인 발달로 인해 디지털 미디어의 사용 증가를 가져오고, 디지털콘텐츠는 생활의 중심이 되고 있는 것이다. 이에 따라 문화콘텐츠 산업은 미래 산업의 새로운 아이콘이라고 할 수 있다.

문화산업은 문화를 바탕으로 한, 인문학적 가치를 지닌 산업이다. 즉 문화산업이란 문화상품을 생산해내고 유통시켜 재화를 창출하는 것을 말하며, 문화상품이란 문화적 요소로 경제적 부가가치를 창출하는 유형 또는 무형의 재화를 말한다. 유네스코에서는 문화산업을 "형체가 없고 문화적인 콘텐츠를 창조, 생산, 상업화하는 산업"이라고 정의하고 있다. 유네스코의 문화산업의 정의는 문화산업에서 문화콘텐츠의 비중이 얼마나 큰 지를 설명해주고 있다.[1)]

1) 함복희, 『한국문학의 문화콘텐츠화 방안』, 북스힐, 2007, 3쪽.

이처럼 문화산업은 우리의 삶에 중심 무대가 되었으며 삶을 풍요롭게 하는 동력이 되고 있다. '문화의 세기'에 걸맞게 우리 주위에서는 열린 문화정책과 문화 활동이라는 새로운 차원으로 그 진폭을 넓혀가고 있다. 특히 우리의 삶의 총체적인 모습을 담아내는 문학, 즉 문학공간은 문화콘텐츠 개발의 핵심으로 부상하면서 경제적 파급효과가 크다. 바로 본 논문의 연구목적이 여기에 있다.

지금까지 본 연구에서 논의한 문학공간의 문화콘텐츠화에 대한 결과물의 의의와 활용 방안, 기대효과는 교육적 측면과 경제적 측면, 그리고 문화적 측면으로 나누어 설명할 수 있을 것이다.

첫째, 교육적 측면에서의 의의와 기대효과는 다음과 같다. 사회 현실적 욕구에 부응하지 못해 위기를 맞고 있는 문학을, 문화산업에서 요구하는 실용학문의 형태로 활성화시켰다는 점이다. 특히 〈'시문학파'아카이브〉는 청소년들로 하여금 인문학에 대한 인식의 폭을 넓혀주고, 학업 성취동기를 높이는 효과가 있을 것으로 여겨진다.

둘째, 경제적 측면에서는 강진 시문학 공간이 문화콘텐츠로 개발됨으로써 도시적 브랜드 가치는 물론이려니와 관광도시로서의 위상이 정립되는 등 유·무형의 경제적 유발효과가 기대된다. 또한 문학공간을 활용하여 개발된 〈모란밭〉을 비롯해 〈탐진나루 축제〉, 〈남도문학축전〉, 〈남도문학 올레길〉 등은 테마여행을 즐기려는 소비자들에게 문화적 감동을 안겨줄 것이다.

셋째, 문화·정신적 측면에서는 인문학적 지식에 기반을 둔 문화콘텐츠가 개발됨으로써 인간의 정신세계가 한쪽으로 매몰되지 않도록 균형을 잡아주는 데 기여할 것이다.

2. 문화콘텐츠화의 한계

문화콘텐츠를 한마디로 정의하기란 쉽지 않다. 용어의 발생 토대가 산업적 영역과 맞물려 있어 정의를 내린다고 해도 엄밀하지 않기 때문이다. 범박하게 말하자면 문화콘텐츠란 경제적 고부가가치를 수반하는 문화 상품의 한 부류라고 할 수 있을 것이다. 이것을 문화상품이라고 하지 않고 굳이 콘텐츠라는 말을 붙여 문화콘텐츠라고 하는 것은 현대의 문화상품이 미디어와 필수불가결한 관계를 유지하고 있기 때문이다.

매년 나오는 세계 문화산업 통계를 보면 영화, 만화, 방송, 게임, 애니메이션, 출판, 인터넷 및 모바일콘텐츠, 음반, 광고, 캐릭터 등이 주요 장르로 분류된다. 여기에서 거론되는 10대 장르들은 모두 미디어기술을 기반으로 하는 것들이라는 점에서 문화콘텐츠는 포괄적인 의미에서 대중문화의 범주에 속한다고 볼 수 있다.[2)]

문화콘텐츠에 대한 학문적 논의가 활발하지 못한 이유를 바로 여기에서 찾을 수 있다. 대중문화라는 것은 지나치게 단순하고 유치한 하위 개념의 문화영역으로 치부되기 때문에 거창한 미학이나 논리를 가져와서 설명할 대상이 되지 않는다는 것이다. 게다가 대중문화는 종종 권력구조와 결탁하여 대중을 일종의 최면 상태에 빠뜨린다는 부정적 견해 역시 무시할 수 없다. 다시 말해 대중문화에서 경험하는 즐거움은 고급문화의 그것과 비교할 때 진솔한 것이 못되는 허위적인 것으로, 대중을 착취와 억압의 영원한 현상 속에 감금하기 위해서 효과적으로 대중을 조작하는 속임수라는 견해가 여전히 유효하다.[3)]

사실, 본 논문에서 추구하고 있는 문학공간의 문화콘텐츠화 연구 과

---

2) 송성욱, 「문화콘텐츠 창작소재와 문화원형」, 『인문콘텐츠』 6, 2005, 77쪽.

3) 박명진, 「즐거움, 저항, 이데올로기」, 『사회과학과 정책연구』 13, 1991, 58쪽.

정에서도 앞에서 지적한 '문화콘텐츠 = 대중문화'라는 일반적 하위 개념을 떨쳐낼 수 없었다. 게다가 서사 공간이 방대한 소설문학도 아닌, 시문학 작품을 활용하여 문화콘텐츠 방안을 연구하는 것이 결코 쉽지만은 않았기 때문이다.

특히 문화콘텐츠는 문학작품에 비해 월등히 많은 제작비용이 필요하다는 사실을 감안하면, 대상 작품의 선정에서부터 엄정한 선별기준이 적용되었어야 할 것이다. 문학공간의 문화콘텐츠화 연구 과정에서 나타난 기준의 한계를 세 가지로 정리할 수 있다.

첫째, 문학사적 중요성을 가지거나 대중적 인지도가 높은 작품이어야 한다는 것이다. 앞서 언급한 것처럼, 콘텐츠를 제작하는 작업은 분명한 목적을 가지고 진행된다. 엔터테인먼트 콘텐츠로서 흥행을 보장받기 위한 수단으로 사용되거나, 보존 혹은 확산 가치가 분명한 에듀테인먼트 콘텐츠가 되어야 한다는 의미다.

둘째, 공간이 서사구조의 주된 요인으로 활용된 작품이어야 한다는 것이다. 특히 공간의 이동이 분명하게 표현된 작품, 공간이 가진 의미가 분명하게 드러나는 작품을 선정할 경우에 콘텐츠로의 제작이 수월하다. 즉, 공간이 막연하게 제시된 작품보다는 구체적인 공간을 언급한 작품이 문화콘텐츠로의 개발 가능성이 그만큼 높다.

셋째, 일정한 규모 이상의 스토리를 가진 작품이어야 한다. 스토리 자체가 빈약한 작품, 예를 들어 '의식의 흐름'등을 사용하여 사건보다 심리묘사에 치중한 작품은 콘텐츠로의 전환이 힘들다. 이는 문자 매체와 영상 매체가 가진 서술 방법의 차이 때문이다. 또한 너무 방대한 규모의 스토리는 오히려 부담이 될 수 있다. 문학작품의 스토리는 무한한 확장이 가능하지만, 콘텐츠에서 이루어지는 공간의 재현은 기술적·자본적 한계를 가지기 때문이다.

3. 문화정책에 대한 제안

모든 문학은 우리의 일상에서 향유 되어야 한다. 그것이 문학 공간을 탐색하는 이유이다. 인간에게 잠재된 일탈의 욕망을 문학공간을 통해 향유하도록 해야 한다. 잠재적 문학 수요자들에게 모든 감각의 촉수를 열고 예술의 점이지대인 문학공간의 현장에 이르도록 해야 한다. 그렇게 하기 위한 대안 가운데 하나가 문학공간을 데이터베이스화해 이것을 문화산업에 활용하는 것이다.

문학공간의 데이터베이스 구축은 결국 문학연구의 기초자료, 학교 및 평생교육 자료, 문예창작교육 보조자료, 문화콘텐츠 개발 참고자료, 한국문학 세계화를 위한 홍보자료 등의 다양한 영역에서 폭넓게 활용될 수 있기 때문이다.

또한 그 결과물을 출판, 인터넷 홈페이지, CD롬 등의 다양한 매체로 제작하여 효과를 극대화시킬 수 있다. 이러한 매체의 제작은 문자보다는 '영상 매체와 컴퓨터 등을 통해 상상력을 키워온 세대들'의 새로운 문화적 감수성에 크게 영향을 줄 것이다.

문학공간을 활용하여 성과를 거둔 곳은 전국의 문학 공간 가운데 이효석 문학관이 대표적이다. 1991년 문화체육관광부는 이효석 생가 터가 있는 강원도 봉평면 남안동 일대를 문화마을 1호로 지정하였다. 이후 봉평면 일대가 '이효석 문화마을'이 되었고, 자연스럽게 봉평면은 이효석을 문화콘텐츠화하여 지역 문화산업에 활용하였다. 전국에서 유일무이한 문학공간을 활용한 문화체육관광부의 유망 축제로 선정된 것이다. 기존 대부분의 축제들이 지역 특산품을 대상으로 한 축제임을 감안할 때 효석문화제가 우수축제로 지정된 것은 축제의 소재로 작가가 등장했다는 점에서 매우 의미가 크다.[4)]

주지하다시피 이효석은 초·중·고등학교로 이어지는 국어교육과 문학교육에서 우리나라 대표작가로 각인되었다. 이 효과를 문화콘텐츠에 접목하여 학생들의 문학기행 장소로 이효석 문학관이 각광을 받게 된 것이다. 따라서 소설 「메밀꽃 필 무렵」의 작품 무대인 강원도 평창군 봉평면은 이효석을 문화콘텐츠로 활용하여 문학관 건립과 생가를 복원하고, 메밀꽃을 개발해 '메밀국수'란 파생 상품을 만들어 성공하였다. 이효석 문학관의 사례에서 알 수 있듯이 작가와 소설무대를 문화콘텐츠로 활용하면 지역 이미지가 향상 될 뿐만 아니라, 높은 관광수입도 기대할 수 있다.

최근 한 보고서에서도 '지방자치제의 최고의 브랜드는 문화예술인'이라는 말로, 지역과 구체적으로 관련된 유명 문화예술인의 문화산업적 가치를 높이 평가한 바 있다.[5] 이를 뒷받침하듯, 원주시는 토지문학관을 건립하고 소설가 박경리를 거주하게 하여 연간 11억 원 정도의 가치를 창출했고, 향후 5년간 약 50억 원 정도가 투자되는 가치가 발생할 것[6]이라고 밝힌 바 있다.

이처럼 각 지자체가 유명 문화인물의 기념 장소를 자기 지역 안에 두려는 의도를 설명하는 일은 어렵지 않다. 그러나 아직도 많은 지자체에서는 유명 문화인물과 그 기념 장소가 지역문화와 산업의 발전에 기여한다는 생각을 하지 못하고 있다. 반대로 설사 그런 생각을 하고 있다 하더라도 일차적인 건물 건축과 외양에 치중한 기념물 전시에 많은 예산을 투입하고는 그 효과가 당장 나타나지 않는다고 조바심을 내는

---

4) 권정희, 「지역의 문학기념사업을 통한 문학 확장의 의미 연구」, 『지방사와 지방문화』 12, 2009, 490쪽.

5) 문화관광부, 『유명 예술가 유치에 따른 가치평가 분석』, 2006. 7. 63쪽.

6) 위의 책, 77쪽.

사례가 없지 않다.[7)]

따라서 지자체는 처음 기획 단계에서부터 전문가들을 참여시켜서 문학의 원형이 훼손되지 않고 그 정신이 살아나면서도, 그것이 문화 산업화 문제를 충족시킬 수 있는 실제적이고 다양한 실행 안을 마련해야 한다. 지역에서 문학공간이 문화산업의 주요 품목으로 자리 잡는 데는 문학관이나 생가 작중의 중요 공간 같은 장소가 건립되고 복원되거나, 거점화되는 일이 전제될수록 효과적이다.

예를 들어, 앞으로 김영랑·김현구의 작품이 강진의 문화산업을 부흥하는 주요 매개가 되려면, 현재 김영랑에 비해 관심이 미약한 김현구의 생가 매입 및 복원 쪽에 무게를 둬야 할 것이다. 그에 대한 첫째 이유는 김현구의 시 세계가 김영랑과 더불어 문학적 성취 면에서 탁월하고, 둘째는 지역과의 연계성이 다른 어떤 작가보다 선명하다는 점 때문이다. 따라서 그 지역의 주요 작가를 정점에 두고 지역의 문화와 산업의 융성을 꾀할 수 있는 실제적인 장소가 확보되면 많은 인구를 그 도시에 와서 머물게 하여 집계 가능한 관광 인구로 격상시킬 수 있을 것이다.

문학예술을 통한 지자체의 경쟁력 강화와 주민의 삶의 질을 윤택하게 할 수 있는 방안 두 가지를 제안한다.

첫째, 문학공간의 확장에 대한 제안이다. 강진의 문학 공간 답사지역을 기존의 영랑생가와 현구생가를 중심으로 하되, 다방면으로 확장함으로써 문화산업의 동력을 일구어야 한다. 영랑과 현구는 강진에서 태어나 작고할 때까지 줄곧 50여 년을 고향에 머물면서 시작을 하고 지역민들과도 교류하였다. 한국의 많은 유명 문인들의 경우, 고향과 생활

7) 경기문화재단, 앞의 책, 146~171쪽.

무대가 유리된 이력을 남기게 돼 사후에 그의 생가나 성장지에 대해 강력하게 의미 부여를 할 수 없게 된 경우가 적지 않다. 그에 비하면, 김영랑과 김현구는 주요 작품의 무대도 그러한데다 생의 시작과 끝을 고향에서 함께한 1930년대 대한민국을 대표하는 시인들이다. 즉, 김영랑과 김현구의 문학은 강진을 떼놓고 얘기할 수 없다. 따라서 김영랑과 김현구 시 문학공간의 주요 무대인 두 시인의 생가는 물론 이들이 유년 시절 같이 한학을 공부했던 금서당, 그리고 북산 비둘기바위를 필수 답사지로 다양하게 개발한다면 산업적 효과도 그만큼 클 것이다. 여기에 김영랑의 첫 부인 김은초의 묘소(해남군 계곡면 신평리)와도 연계하면, 영랑의 문학공간은 한층 확장되는 결과를 가져올 것이다.

둘째, 전라도의 방언을 문화콘텐츠로 활용하는 정책이다. 특히 영랑의 시는 1930년대 시문학사의 한 정점에 다다랐다고 평가받고 있는 바, 그 문학적 성취의 특징적인 면모를 문화콘텐츠화 할 수 있을 것이다.

우선, 김영랑 시의 곳곳에서 자연스럽게 녹아 있으면서도 절묘하게 번뜩이는 전라도적 방언과 조어를 활용하는 방법이다. 매스미디어의 발달로 누구에게나 서로 통하는 표준어 사용이 기본이 되었지만, 각기 자기 지역에서만 써온 방언의 존재가치 또한 급격히 상승되고 있다. 방언의 폐기는 곧 지역 역사에 대한 망각이고, 지역적 특성의 무화 행위다. 방언을 복원하고 전승하는 방법으로 비속어, 토속어, 판소리 체 입말 등이 자유자재로 구사되고 있는 김영랑의 시를 소리 내어서 읽는 행사를 지역이 아닌 중앙에서 정례적으로 개최할 것을 제안한다. 이때 김영랑 시는 직접적으로 산업화에 기여한다기보다, 지역민의 자긍심 고양이나 언어에 대한 반성 및 재인식 유도 같은 계몽 콘텐츠로서의 충분한 가치가 있을 것이다.

강조하지만, 김영랑과 김현구라는 이름은 지자체와 지역사회로서는 다시 얻을 수 없는 대표적인 아이콘이며 브랜드다. 순전히 콘텐츠라는 의미에서 김영랑과 김현구는 지역에서 오랜 역사 속에서 많은 돈을 투자해 유지·보호해온 다른 어떤 유적지 못지않은 강력한 부가가치를 발생시킬 수 있는 존재라는 것이다. 바로 그 때문에 그 이름을 지키고 다듬는 일 자체가, 다시 그 가치를 발생시키는 행위가 될 것이다. 즉, 김영랑과 김현구의 문학세계를 조명하는 새로운 생각과 방법들이 연구되고 발표되는 일 자체가 새로운 콘텐츠를 낳는 일이다.

제6장 결　론

제6장

결 론

인문학의 문화콘텐츠화는 인문학적 지식과 교양을 대중에게 제공하는 데에 큰 역할을 하고 있다. 기술과 정보가 지배하는 사회에서 인문학의 역할은 더욱 중대하다. 인문학은 인간의 삶을 반성케 하고 미래에 인간이 가져야할 모습을 제시하기 때문이다. 따라서 인문학적 지식과 정보의 문화콘텐츠화는 무한대의 가치와 효용성을 기대할 수 있고, 이는 산업적 측면뿐만 아니라 인간의 정신을 한쪽으로 매몰되지 않도록 균형을 잡아주는데도 한 몫을 한다고 본다.

이 책은 강진이 갖고 있는 인문학적 원형에 새로운 상상력을 가미하여 문화산업의 아이템으로 활용하고자 했다. 선사시대부터 이어져 온 강진의 인문 지리학적 리소스는 문화콘텐츠의 질료로서 충분한 가치를 지니고 있기 때문이다.

강진은 선사시대의 주거지로 추측되는 군동면 파산리 유적지와 고인돌군 등 청동기 문화유적이 광범위하게 분포되어 있다. 이러한 강진의 청동기문화는 내륙지방의 문화와 강진만을 중심으로 한 도서지방의 문화를 함께 받아들일 수 있었던 지리적 배경 때문으로 이해된다. 특히 고려시대에 들어서는 해로의 발달로 청자문화가 꽃을 피워 대구면 일대와 칠량면 삼흥리 등은 고려창자의 대규모 산지로 알려져 있다. 이 같은 고려청자의 발전 배경에는 문화 이동로, 즉 해로와 육지를 연결하는 입지적 여건이 크게 기여했다.

그리고 강진의 문화적 원형과 습속은 김영랑과 김현구의 작품에서 두드러지게 표출되고 있었다. 김영랑의 「쓸쓸한 뫼아페」를 비롯해 「동백닙에 빗나는 마음」, 「모란이 피기까지는」 등의 시에서 흐르고 있는 슬픔과 회한, 그리움의 정조는 그가 태어나서 평생을 보냈던 강진의 문화적 원형과 맞닿아 있는 것으로 이해된다. 또한 김현구가 남긴 85편의 시 가운데 기행 시 8편을 제외한 「님이여 강물이 몹시도 퍼렇습니다」, 「낙화정」, 「검정비둘기」 등 77편 모두가 강진의 자연풍광과 습속에 깊은 관계를 맺고 있음을 알 수 있었다. 따라서 강진의 다양한 문화적 리소스를 반영하고 있는 김영랑과 김현구의 시문학 공간은 문화콘텐츠의 질료로서 충분한 가치가 있을 것으로 판단된다.

이 책은 김영랑과 김현구의 문학적 리소스를 활용하여 체험・축제・전시와 연구 유형의 문화콘텐츠를 제시하였다. 첫째, 체험의 두 가지 유형이다. 먼저 〈모란 밭〉 상상력 체험의 유형은 영랑생가 일대에 대규모로 조성된 모란 밭을 거닐면서 모란이 함의하고 있는 다양한 상징적 의미를 자연스럽게 체감하는 것이다. 여기에서 모란의 상징성은 단순히 '상실감-절망감-좌절감-기다림'으로 요약되는 시적 이미지에 머물지 않고, 식물이라는 기의를 넘어 상징적 상상력의 발아를 돕는 이상적인 매개체로서의 역할을 할 수 있을 것으로 본다.

또 하나의 유형은 강진과 장흥, 해남의 문학공간을 연결하는 〈남도문학 탐방길〉의 감성체험이다. 여기서 길은 물리적 길 뿐 만 아니라, 눈에 보이지 않는 정신적인 길까지 포함한다. 따라서 새로운 것에 대한 발견과 탐구를 지향하려는 인간의 속성과 맞닿은 〈남도문학 탐방길〉은 '길 위의 인문학'이라는 사유의 공간적 의미를 지닌다고 할 수 있을 것이다.

둘째, 축제의 유형에서는 강진 탐진강의 질료를 활용한 지역 콘텐츠로서의 〈탐진나루 축제〉를 제시하였다. 이 축제는 기존의 〈탐진강 은어축제〉에 현구 시(「님이여 강물이 몹시도 퍼렇습니다」)의 문학공간을 접목시킨 것이다. 자연친화적 경험(은어잡기, 뗏목타기, 자전거 타기 등)과 문학적 경험(현구문학제)이 융합한 인문학적 공간에서의 풍요로운 삶을 답사자는 제공받을 수 있을 것이다. 또 다른 축제의 유형은 〈남도문학축전〉이다. 강진-장흥-해남의 문화적 리소스를 연계하여 문화소비자의 문화적 욕구를 충족시키는 것이 중요하다. 주 5일제 근무의 정착과 소득 수준의 향상에 따라 다양하게 나타나는 문화소비자의 욕구를 '문화감동' 즉, 각 지역의 먹거리와 볼거리, 살거리 등을 문학공간과 융합하여 색다른 감동을 답사자에게 제공할 수 있을 것이다.

셋째, 전시와 연구 유형은 다음과 같다. 먼저 시문학파기념관을 터미널화 한 〈시문학파 아카이브 구축〉이 그것이다. 이를 통해 『시문학』 지를 중심으로 활약하였던 9명의 시인에 대한 개별 자료는 물론, 그들이 일궈낸 문학사적 성과 등을 데이터베이스화하여 문학교육의 기초자료로 활용하는 것이다. 전 교육기관에 링크하여 시문학파의 모든 자료를 공유함으로써, 1930년대 한국 시문학사를 이해시키고 발전하는 데 큰 역할을 할 수 있을 것으로 본다. 또 영랑 시어의 가치 복원을 위해 〈영랑 시어 연구회〉를 제안하였다. 연구회의 활약으로 말미암아 영랑 시어를 더욱 풍요롭게 만들 것이고, 우리 모국어의 계승·발전에도 크게 기여할 것으로 판단된다.

결론적으로 강진 시문학 공간의 문화콘텐츠화는 한낱 장소성에 머물러 있는 무의미한 공간들을, 제2의 공간으로 탈바꿈시킴으로써 우리의 삶의 질을 윤택하게 하는 일이다.

이상에서 제시한 문화콘텐츠화에 대한 가치와 의의는 세 가지 측면에서 말할 수 있다. 첫째, 사회 현실적 욕구에 부응하지 못해 위기를 맞고 있는 문학을, 문화산업에서 요구하는 실용학문의 형태로 활성화시켰다는 데에 교육적 가치와 의의를 지닌다. 둘째, 강진 시문학 공간을 문화콘텐츠로 개발함으로써 도시적 브랜드 가치는 물론, 관광도시로서의 위상이 정립되는 등 유・무형의 경제적 유발효과를 기대할 수 있을 것이다. 셋째, 인문학적 지식에 기반을 둔 문화콘텐츠가 개발됨으로써 인간의 정신세계가 한쪽으로 매몰되지 않도록 균형을 잡아주는 정신・문화적 버팀목 역할을 할 것으로 본다.

특히 이 책은 지금까지 변방으로 치부되었던 운문 분야의 문학공간을 문화콘텐츠화 하는데 단초를 제공한 점과 나아가 인문학과 자연과학의 통섭 연구로 실용학문 발전에 디딤돌 역할을 하고자 한 데에 의의를 가진다. 이와 함께 학술적으로는 문화예술과 인문사회・과학기술을 융합하여 문학공간을 새로운 개념으로 재창조하고, 산업적으로는 문화콘텐츠산업을 뒷받침하는 이론과 실제를 융합하고 활용하여 체계화한 것도 이 책의 성과라고 하겠다.

하지만 서사 공간이 방대한 소설문학과는 달리, '의식의 흐름'이 강조되는 시문학 작품의 특성상 다양한 문화콘텐츠를 구현하지 못한 점이 아쉬움으로 남는다.

참고문헌

참고문헌

<단행본>

가스통 바슐라르, 곽광수 옮김, 『공간의 시학』, 민음사, 1990.

노버그 슐츠, 이정국 옮김, 『건축의 의미와 장소성』, 미건사, 1994.

노버그 슐츠, 민경호 외 옮김, 『장소의 혼』, 태림문화사, 2002.

데이비드 폰태너, 최승자 옮김, 『상징의 비밀-상징과 그 의미를 푸는 시각적 열쇠』, 문학동네, 1988.

들뢰즈·가타리, 최명희 옮김, 『앙띠 오이디푸스』, 민음사, 1994.

루카치, 반성왕, 『루카치 소설의 이론』, 심설당, 1985.

베노 베를렌, 안영진 옮김, 『인문지리학 : 공간패턴과 그 전개과정』, 메이데이, 2009.

아스만, 변학수 옮김, 『기억의 공간』, 경북대출판부, 2003.

안스가 뉘닝·로이조머, 문화학연구회 옮김, 『문화이론과 문학연구』, 연세대출판부, 2008.

에드워드 랠프, 김덕현 옮김, 『장소와 장소 상실』, 논형, 2005.

에드워드 홀, 최효선 옮김, 『숨겨진 차원』, 한길사, 2002.

유리 로트만, 유재천 옮김, 『예술텍스트의 구조』, 고려원, 1991.

이-푸 투안, 구동회 옮김, 『공간과 장소』, 도서출판 대윤, 1995.

조셉 프랭크 외, 『바흐친과 문화이론』, 문학과지성사, 1995.

질베르 뒤랑, 진형준 옮김, 『상징적 상상력』, 문학과지성사, 2000.

헤겔, 서동일 옮김, 『철학강요』, 을유문화사, 1983.

강현구, 『문화콘텐츠의 서사전략과 인문학적 상상력』, 글누림, 2008.

강현구 외, 『문화콘텐츠와 인문학적 상상력』, 글누림, 2005.

고정민, 『문화콘텐츠 경영 전략』, 커뮤니케이션북스, 2007.

국토연구원, 『공간이론 석학과의 대화』, 한울아카데미, 2005.
김기덕, 『한국전통문화와 문화콘텐츠』, 북스코리아, 2007.
김만수, 『문화콘텐츠 유형론』, 글누림, 2006.
김만식, 『문화콘텐츠 개발 전략』, 학연사, 2009.
김선기, 『남도 현대시문학 산책』, 전남대출판부, 2007.
김선태, 『강진문화기행』, 도서출판 작가, 2006.
_____, 『김현구 시 연구』, 국학자료원, 1997.
김수복 외, 『한국문학 공간과 문화콘텐츠』, 청동거울, 2005.
김영순 외, 『인문과학과 문화콘텐츠』, 다할미디어, 2006.
김옥임 외, 『식물비교도감』, 현암사, 2009.
김용성, 『「모란이 피기까지는」의 작가 해설』, 삼중당, 1975.
김용직, 『한국 현대시 연구』, 일지사, 1978.
_____, 『한국 현대시사 1』, 한국문연, 1996.
김우성 외, 『지역문화산업 육성방안에 대한 연구 : 충청남도를 중심으로』, 글누림, 2005.
김웅배, 『전라남도 방언연구』, 학고방, 1991.
_____, 『전남방언연구』, 박이정, 2002.
김의숙 외 편, 『문학콘텐츠와 스토리텔링』, 역락, 2005.
김재홍, 『한국현대시인연구』, 일지사, 1986.
김종건, 『구인회 소설의 공간설정과 작가의식』, 새미, 2004.
김종태, 『정지용 시의 공간과 죽음』, 월인, 2002.
김태준 편, 『문학지리·한국인의 심상 공간』, 상·중·하 논형, 2005.
김택중, 『현대소설의 문학지형과 공간성 연구』, 푸른사상사, 2004.
김평수 외, 『문화콘텐츠 산업론』, 커뮤니케이션북스, 2007.
김학동, 『김영랑』, 문학세계사, 1993.
김혜니, 『박목월 시 공간의 기호론과 실제』, 푸른사상, 2004.

김희진 외, 『문화예술축제론』, 한울, 2010.
류복현, 『용아 박용철의 예술과 삶 上·下』, 광산문화원, 2005.
막스야머, 이경직 역, 『공간개념』, 나남, 2008.
목산 장보웅 박사 회갑기념논총간행위원회, 『지역과 문화의 공간적 전개』, 전남대출판부, 1996.
문병일, 『康津郡政 50年史』, 전일실업출판국, 1992.
박상환 외, 『예술과 문화콘텐츠』, 오스코, 2008.
박승규, 『일상의 지리학』, 책세상, 2009.
박용철, 『박용철 전집』, 시문학사, 1939.
박태일, 『한국 지역문화의 논리』, 청동거울, 2005.
______, 『한국 근대시의 공간과 장소』, 소명출판사, 1999.
백승국, 『문화기호학과 문화콘텐츠』, 다할미디어, 2006.
변영로, 『조선의 마음』, 평문사, 1924.
서정환, 『문예연구』 35호, 문예연구사, 2003.
소광희, 『시간의 철학적 성찰』, 문예출판사, 2001.
손광은 외, 『우리시대의 시인연구』, 시와사람사, 2001.
시키븐 컨, 박성관 역, 『시간과 공간의 문화사』, 휴머니스트, 2004.
안남일, 『기억과 공간의 소설현상학』, 나남출판사, 2004.
안종배, 『나비효과 콘텐츠』, 미래의 창, 2008.
양혜경, 『한국 현대시의 공간화 전략』, 아세아문화사, 2008.
오장근 외, 『텍스트와 문화콘텐츠』, 한국문화사, 2006.
우정권 편, 『한국문학콘텐츠』, 청동거울, 2005.
유지현, 『현대시의 공간 상상력과 실존의 언어』, 청동거울, 2005.
유평근·진형준, 『이미지』, 살림, 2001.
이기상, 『콘텐츠와 문화철학』, 북코리아, 2009.
이무용, 『지역발전의 새로운 패러다임 장소마케팅 전략』, 논형, 2007.

이성교, 『현대시의 모색』, 맥밀란, 1982.
이승원, 『영랑을 만나다』, 태학사, 2009.
이어령, 『공간의 기호학』, 2000.
______, 『한국문화상징사전』, 동아출판사, 1992.
이영진, 『공간과 문화』, 민속원, 2007.
이지엽 외, 『광주 · 전남 현대시문학 지도』, 시와사람, 2001.
이하윤, 「박용철의 면모」, 『현대문학』, 1962년 12월호.
임종국, 『친일문학론』, 민족문제연구소, 2001.
임환모, 『한국 현대시의 형상성과 풍경의 깊이』, 전남대출판부, 2007.
정창권, 『문화콘텐츠학 강의 : 쉽게 개발하기』, 커뮤니케이션북스, 2007.
조병춘, 『한국현대시평설』, 태학사, 1995.
조성면, 『한국문학 대중문학 문화콘텐츠』, 소명출판사, 2002.
조윤아 · 이윤진, 『지역문화와 디지털 콘텐츠』, 한국학술정보, 2007.
조태남, 『문화콘텐츠와 스토리텔링』, 경남대출판부, 2008.
철학아카데미, 『공간과 도시의 의미들』, 소명출판사, 2004.
최민성, 『멀티미디어 상상력과 문화 콘텐츠 : 미디어를 넘나들며 상상하고 창조하기』, 논형, 2006.
최병두, 『근대적 공간의 한계』, 삼인, 2002.
최수웅, 『문학의 공간, 공간의 스토리텔링』, 한국기술정보, 2006.
최혜실, 『문화콘텐츠, 스토리텔링을 만나다』, 삼성경제연구소, 2006.
______, 『테마파크의 스토리텔링』, 글누림, 2008.
한광구, 『목월 시의 시간과 공간』, 시와시학사, 1991.
한국문학관협회, 『문향을 따라가다-전국 문학관 찾아가기』, 2006.
한국문화기술연구소 역, 『문학관과 문화산업』, 단국대출판부, 2007.
한국소설학회 편, 『공간의 시학』, 예림기획, 2002.
한국실내디자인학회 특별위원회, 『공간보기 공간 풀기 하나』, 연세대출판부, 2005.
한새암 외, 『전라도 우리탯말』, 소금나무, 2006.
한스라이엔 바하, 이정우 역, 『시간과 공간의 철학』, 서광사, 1986.
함복희, 『한국문학의 문화콘텐츠화 방안』, 북스힐, 2007.
호남과 근대연구회, 『호남문학과 근대성 연구』, 심미안, 2007.
허형만, 『영랑 김윤식 연구』, 국학자료원, 1996.

<논 문>

간복균, 「문학공간 연구를 위한 현장 답사의 방법과 실제」, 『우리문학연구』 21, 2006.
강진갑, 「경기도 문화유산 가상현실 체험 시스템 개발과 인문학자의 역할」, 『인문콘텐츠』 창간호, 2003.
고명철, 「한국현대사에 웅전하는 문학적 공간」, 『시간과 공간을 조작하다』, 보고사, 2007.
고석규, 「지역문화 콘텐츠 개발 사례-전남지역을 중심으로」, 『인문콘텐츠』 8호, 2006.
고운기, 「문화콘텐츠 제작에서 국문학 연구자의 역할」, 『현대문학연구』 28, 2006.
권정희, 「지역의 문학기념사업을 통한 문학 확장의 의미 연구」, 『지방사와 지방문화』 12권 1호, 2008.
김덕수, 「문화산업으로서의 문학산업」, 『현대문학 이론 연구』 25, 2005.
김동근, 「1930년대 시의 담론체계연구」, 전남대 박사논문, 1996.
______, 「정지용 시의 공간체계와 텍스트 의미」, 『한국문학이론과 비평』 22, 2004.
______, 「영랑시의 기호체계와 통화 모형」, 『한국문학이론과 비평』 27, 2005.

______, 「영랑시의 단론주체와 언술 특성」, 『한국언어문학』 37, 1996.
김명준, 「문학공간분석 기술방법」, 『한국문학공간과 문화산업』, 한국문화기술연구소 제1회 전국학술세미나, 2004.
김문배, 「아버님을 추억하며」, 『김현구 시 연구』, 국학자료원, 1997.
김선기, 「김영랑의 삶과 작품에 나타난 앙가주망성 연구」, 『어문논총』 제21호, 전남대 한국어문학연구소, 2010.
______, 「김영랑의 시문학 공간 연구」, 『어문논총』 제22호, 전남대 한국어문학연구소, 2011.
김선태, 「김현구 시 연구」, 원광대 박사논문, 1995.
김수복, 「현대시와 지형학적 상상력」, 『한국문학 공간과 문화콘텐츠』, 청동거울, 2005.
김열규, 「Topophilia : 토포스를 위한 새로운 토폴로지와 시학을 위하여」, 『한국문학이론과 비평』 제20집, 2003.
김영순 외, 「에듀테인먼트 콘켄츠 프로세스의 기호학적 전략」, 『정보과학지』 24권 2호, 2006.
김영순, 「지역문화콘텐츠의 교육적 활용 방안에 관한 연구」, 『인문콘텐츠』, 2006.
김용범, 「문화콘텐츠 창작소재로서의 고전문학의 가치에 관한 연구」, 『한국 언어문화』 22, 2009.
김창호, 「문학공간의 문화콘텐츠화 연구」, 전남대 박사논문, 2010.
김태순, 「황순원 소설의 인물유형과 크로노도포스 연구」, 건국대 박사논문, 2003.
김학동, 「현구 김현구론」, 『현구 김현구 전집』, 중앙인쇄, 2002.
김해옥 · 김하수, 「다문화시대이 한국문학을 통한 언어문화콘텐츠 구축에 관한 연구」, 『현대문학의 연구』 28호, 2006.
김 현, 「찬란한 슬픈 봄」, 『한국현대문학대계 · 7』, 지식산업사, 1994.

김현석, 「형님, 지금도 강물이 몹시도 퍼렇습니다」, 『현구시집』, 문예사, 1970.

김현자, 「영랑 시와 민족언어」, 『남도의 황홀한 달빛』, 우리글, 2008.

김　훈, 「도망 칠 수 없는 여름」, 『풍경과 상처』, 문학동네, 1994.

류선정, 「문화콘텐츠 개발을 위한 프랑스 문학의 활용 방안」, 『프랑스학 연구』 35, 2006.

류정아, 「지역문학콘텐츠 개발의 이론과 실제」, 『인문콘텐츠』 8, 2006.

문두근, 「영랑 시의 언어가 가지는 특성」, 『문예연구』 2012년 여름호.

문병채, 「문화콘텐츠 D/B 분류 및 구축에 관한 연구」, 『한국문화콘텐츠학회 추계종합학술대회 논문집』, 2004.

박규택・이상률, 「공간, 시간, 사회, 자연의 상호관계설에 의한 지역 이해」, 『한국지역지리학회지』 5, 1999.

박덕규, 「문학관 조성과 문화산업」, 『문학관과 문화산업』, 한국문화기술연구소, 단국대출판부, 2007.

박명진, 「즐거운, 저항, 이데올로기」, 『사회과학과 정책연구』 13, 1991.

박현수, 「김소월 시의 보편성과 토포스 연구」, 『한국현대문학연구』 7, 1999.

박형진, 「슐츠의 실존적 공간론을 기반으로 한 현대건축 실내공간의 장소성에 관한 연구」, 건국대 건축전문대학원 박사논문, 2008.

박혜영, 「문학과 공간, 이론적 접근 1」, 『덕성여대 논문집』 25, 2005.

______, 「문학과 공간 : 모파상의 '강위에서'의 공간분석」, 『불어불문학연구』 28, 한국불문학회, 1993.

배명재, 「新 택리지 - '한국답사 1번지' 남도 제일의 역사 문화의 고을, 강진」, 『경향신문』, 2011. 7. 21.

손대현 외, 「한국에 슬로시티 콘셉 도입을 위한 탐색」, 『한국관광학회 학술대회 발표 논문집』 63차, 2008.

송성옥, 「문화콘텐츠 창작소재와 문화원형」, 『인문콘텐츠』 6, 2005.

신광철, 「영상콘텐츠 속의 지역공간과 지역문화」, 『인문콘텐츠』 8호, 2006.
심상민, 「문화원형 디지털 콘텐츠 사업의 산업적 활용방안 연구」, 2005.
안성혜, 「지역문화축제 활성화를 위한 전략적 기획 방안의 모색」, 『한국콘텐츠학회 논문집』 8, 2008.
안영진, 「우리나라 지역지리학의 연구 추세와 전망」, 『한국지역지리학회지』 8, 2002.
양병호, 「'내 마음'의 서정으로부터 '절망'의 현실인식으로-김영랑론」, 『문예연구』 36, 2003.
오세영, 「왜 시문학파인가」, 『시문학파기념관 개관기념 학술대회 자료집』, 2012.
유영만, 「도로와 길」, 『전자신문』, 2012. 3. 5.
유윤식, 「시문학파 연구」, 한양대 박사논문, 1988.
유은지, 「문학관을 활용한 문학 진흥 방안 연구」, 단국대 석사논문, 2007.
이기봉, 「지역과 공간 그리고 장소」, 『문화역사지리』 17호, 2005.
이용균, 「인문지리학 패러다임의 변화에 대한 맥락적 접근의 필요성」, 『문화역사지리』 18, 2006.
이은숙 · 장은미, 「한국 문학공간의 특성과 Web GIS 구축자료에 관한 기초연구」, 『문화역사지리』 13, 2001.
이혜경, 「문학적 포토필리아로 찾는 '혼불'의 자리」, 『한국문학이론과 비평』 20, 2003.
임영상, 「문화콘텐츠 개발과 인문학」, 『인문콘텐츠』 6, 2005.
임학순, 「문화원형 디지털콘텐츠 창작소재 활성화를 위한 정책 모델 연구」, 『인문콘텐츠』 6, 2006.
임향미 외, 「경북문학의 관광자원화를 위한 단계적 전략」, 〈대구 · 경북 비전 2004〉 지역혁신대학(원)생 제안 논문 공모전 대상 수상, 2004.
임환모, 「현대언어문학」, 현대문학 분야 수록 논문 분석, 『한국언어문학』

51, 2003.
장미영, 「소설의 문화원형콘텐츠화 방안」, 2004.
장일구, 「서사적 공간의 상징적 기획」, 『한국언어문학』 58, 2006.
______, 「영화의 서사적 공간」, 『한국문학이론과 비평』 22, 2004.
______, 『경계와 이행의 서사공간』, 서강대 출판부, 2011.
장희정, 「지속가능한 관광으로서 슬로우관광의 가능성에 관한 연구」, 『농촌관광연구』 16, 2009.
전봉관, 「문화콘텐츠 전문인력 양성에의 인문학의 역할」, 『대중서사연구』 16, 2006.
정과리, 「시문학파의 미의식」, 『시문학파기념관 개관기념 학술대회 자료집』, 2012.
정경운, 「서사공간의 문화 기호 읽기와 스토리텔링 전략 1」, 『한국문학이론과 비평』 26, 2004.
______, 「서사물의 디지털 콘텐츠화 전략 연구」, 『한국문학이론과 비평』 28, 2005.
______, 「한국문학콘텐츠의 활성화 방안 연구-국내 문학관 프로그램 운영방식을 중심으로」, 『현대문학 이론 연구』 25, 2005.
______, 「호남 역사문화 원형 개발, 활용 현황 연구」, 『지방사와 지방문화』 11, 2008.
정숙희, 「김영랑 문학연구」, 인하대 박사논문, 1987.
정희선, 「문학공간을 활용한 장소마케팅 : 종로지역 사례로」, 『대한지리학회 학술대회 논문집』, 2006.
조경남, 「C.N 슐츠의 이론을 적용한 한국 주거단지의 장소성 연구」, 『대한건축학회 학술발표대회 논문집』 26권 1호, 2006.
조동일, 「문학지리학을 위한 출발선상의 토론」, 『한국문학연구』 27, 2004.
조윤아, 「박경리 '토지'의 공간 연구」, 『현대문학의 연구』 21, 2003.

지봉구, 「문학 소재의 지역축제 개발 사례연구」, 『한국콘텐츠학회 추계종합학술대회』, 2007.

차부진, 「내가 아는 현구 시인」, 『현구시집』, 문예사, 1970.

최동호, 「시문학파의 문학사적 의미망」, 『시문학파기념관 개관기념 학술자료집』, 2012.

최병두 · 윤일성, 「근대적 공간에 대한 성찰」, 『오늘의 문예비평』 2002년 겨울호.

최수웅, 「디지털콘텐츠로의 문학공간 구현 방법」, 『한국문학공간과 문화산업』, 한국문화기술연구소 제1회 전국학술세미나, 2004.

최재헌, 「지리학의 공간 개념에 관한 소고」, 『지리교육논총』 33, 1995.

최혜실, 「문학작품의 테마파크화 과정 연구」, 『어문연구』 32, 2004.

______, 「한국문화산업 육성을 위한 이론적 토대로서 문화콘텐츠」, 인문콘텐츠학회 학술심포지엄, 2003.

______, 「1930년대 도시 소설의 소설 공간」, 『현대소설연구』 5, 한국현대소설학회, 1996.

한국문화콘텐츠진흥원, 『2007 하반기 국내의 문화콘텐츠산업 동향 및 트렌드』, 2007.

한원균, 「문학과 공간, 그 이론적 모색」, 『한국문학공간과 문화산업』, 한국문화기술연구소 제1회 전국학술세미나, 2004.

허형만, 「동백잎에 빛나는 마음-김영랑론」, 『우리시대의 시인연구』, 시와사람사, 2001.